La Gran Comisión en el siglo 21

Dr. Natanael Valenzuela

Diseño de tapa: Createspace

Nota del editor: Los conceptos y expresiones contenidas en este libro son de exclusiva responsabilidad del autor, y por lo tanto sus opiniones no necesariamente reflejan el punto de vista del editor.

Las citas bíblicas son de la versión Reina – Valera de 1960 y Traducción Actual, en caso de otra versión es citada en el contenido.

Título original: 144 Estrategias de Iglecrecimiento. | Formulas for Church Growth.. La Gran Comision en el siglo 21

Copyright © 2016 by Dr. Natanael Valenzuela

Derechos reservados para todo el mundo

A los que expanden el Reino…

NV

Si el SEÑOR no edificare la casa, en vano trabajan los que la edifican; si el SEÑOR no guardare la ciudad, en vano vela la guardia.

Salmos 127:1

TABLA DE CONTENIDO

Introducción   19

Estrategias básicas para realizar Iglecrecimiento.

33

Nombre (Marca) 33

Visión... 34

Misión... 34

Logo.. 35

Slogan 37

Cita Bíblica.. 38

Tipo de Letra... 39

Directorio... 40

Ubicación... 41

Nicho de trabajo 41

Colores 42

Recursos 42

Estrategias de Iglecrecimiento 43

1. Actividades de esparcimiento al aire libre............................ 45

2. Aniversario de la Iglesia.............................. 45

3. Apadrinar un parque................................... 45

4. Ayudando a las viudas 46

5. Bajantes... 47

6. Banderas/ Banderolas 47

7. Bazares/ Yard Sales 47

8. Biblioteca.. 48

9.   Blog. 48

10.   Bolígrafos o lápices 49

11.   Buzón de oración 49

12.   Café Reuniones 51

13.   Camisetas. 51

14.   Campamentos 51

15.   Campañas al aire libre. 53

16.   Campañas de correo electrónicos 53

17.   Campañas intensivas para levantar una iglesia hija.............. 53

18.   Capellanía 54

19.   Células de Estudio Bíblico 55

20.   Cena.. 55

21.   Como saludar a los no creyentes................................... 55

22.   Con el ejemplo... 56

23.   Conciertos. 56

24.   Concurso de manualidades 57

25.   Conferencias. 58

26.   Confraternizar con otras iglesias 58

27.   Consejería. 59

28.   Correos para los nuevos residentes 59

29.   Correos electrónicos de los líderes. 59

30.   Cumpleaños de alguien.. 60

31.   Cursos de orientación familiar 61

32.   Dando un servicio afuera del templo cada X tiempo 61

33.   Decorando un lugar... 61

34.   Desayuno en día feriado... 62

35.	Día de colores	62
36.	Día de la familia	62
37.	Dramas.	63
38.	El aseo del templo	63
39.	El ayuno.	63
40.	El boletín de la Iglesia	64
41.	El brochure de la Iglesia.	65
42.	El letrero.	65
43.	El mural	65
44.	El nombre.	66
45.	El orden del servicio.	67
46.	Encuentro de parejas	68
47.	Encuestas Evangelísticas	69
48.	Entregar una tarjeta con todas las actividades de la iglesia	70
49.	Escuelas bíblicas de extensión.	70
50.	Escuelas bíblicas de verano …V.B.S.	71
51.	Escuela de padres y madres.	71
52.	Estación de flores.	72
53.	Estaciones de música con evangelismo	72
54.	Etiquetas para el carro	72
55.	Etiquetas para la casa.	73
56.	Facebook.	73
57.	Gorras.	73
58.	Grupos de padres y madres.	73
59.	Grupos de visitas a los descarriados	75
60.	Guagua anunciadora.	76

61.   Hacer cadenas de llamadas.. 76

62.   Hacerse presente en los momentos difíciles de la

comunidad 77

63.   Haciendo grupos para vacacionar juntos. 77

64.   La hora familiar 78

65.   Integración a las juntas de vecinos y cooperadoras escolares

        80

66.   Intercambio de tarjetas de amistad 80

67.   Intercambios navideños 81

68.   Invitando al culto de su hogar. 81

69.   Invitar un amigo a pasar la noche en su casa 81

70.   La Biblia. 82

71.   La confirmación del llamado. 82

72.   La doctrina 83

73.   La Escuela bíblica. 83

74.   La forma de contestar el teléfono 84

75.   La música 84

76.   La oración. 85

77.   La presencia de señales. 87

78.   La Reputación. 87

79.   Las invitaciones a actividades 88

80.   Las referencias. 88

81.   Las relaciones con grupos de la comunidad 89

82.   Lectores QR 89

83.   Libros Gratis. 89

84.   Limpiando un área. 89

85.	Lista de correo.	90
86.	Los afiches.	90
87.	Los bautismos.	90
88.	Los días de operación.	91
89.	Los horarios de servicios	91
90.	Maratones.	91
91.	Mentores.	91
92.	Operativos médicos.	92
93.	Página de internet de la congregación.	93
94.	Patrocinio de eventos	94
95.	Peajes informativos	94
96.	Películas.	95
97.	Periódicos	95
98.	Pintando y cuidando la calle	95
99.	Programa de radio.	96
100.	Programa de televisión.	96
101.	Programas de alfabetización.	97
102.	Programas de rehabilitación.	97
103.	Quermeses.	97
104.	Rallies de autos.	98
105.	Recorrer los barrios con mensajes y tratados	98
106.	Recursos gratis.	98
107.	Regalando nuevos testamentos	99
108.	Retiros.	99
109.	Reuniones de negocios	99
110.	Robot de llamadas y textos	99

111.   Sala de tareas. 100

112.   Semana de Caballeros 100

113.   Semana de Damas 101

114.   Semana de jóvenes 101

115.   Semana de la escuela Dominical. 102

116.   Semana de los Amigos...102

117.   Seminarios. 102

118.   Señalización del templo 103

119.   Señalizando el sector...103

120.   Servicio para embarazadas. 104

121. ✓ Tarjeta de presentación del pastor y líderes. 104

122.   Tarjetas postales. 104

123.   Torneos deportivos...105

124.   Trueques de miembros 105

125.   Twitter..105

126.   Una computadora...106

127.   Usando símbolos cristianos en la ropa.............................106

128.   Viajes. 106

129.   Vigilias..107

130.   Visita a hospitales. 107

131.   Visita a mujeres solas. 107

132.   Visita a lugares de niños con problemas o discapacitados108

133.   Visita a presos 108

134.   Visitando una familia con la suya....................................108

135.   Visitar las escuelas 108

136.   Visitar las señoras cuando dan a luz 109

137. Visitar las universidades 109

138. Visitar los cumpleaños de los amigos de la Iglesia 109

139. Visitar los funerales 110

140. Visitar los liceos o escuelas públicas. 110

141. Visitar tus familiares llevando contigo algún líder 110

142. Visitas personales 111

143. YOUTUBE 111

144. WhatsApp. 112

Tipos de actividades 113

Ejercicio: 114

Actividades que puedo realizar personalmente 114

Actividades que puedo realizar en grupos pequeños (dos o tres personas) 116

Actividades que puedo realizar con mi familia 117

Actividades que puedo desarrollar con un grupo determinado de la congregación (jóvenes, damas, caballeros, etc.) 118

Actividades que puedo desarrollar con un grupo determinado de la congregación (jóvenes, damas, caballeros, etc.) 119

Actividades que puede desarrollar la congregación como equipo ... 120

Sugerencias para el Plan de Evangelismo 121

Calendario Modelo 121

Calendario Modelo en gráfica 124

Método "oiga" para planificar 125

CONCLUSION 129

BIBLIOGRAFÍA 131

Acerca del Autor 133

RECONOCIMIENTOS

Gracias a mi maravilloso Señor Jesucristo por su perdón y misericordia en mi vida, a mi madre, la pastora Carmen Peña de Valenzuela por corregir el manuscrito, a mi hermano el pastor Israel Valenzuela por diseñar este libro y darle la forma que hoy tiene.

A los hermanos de las iglesia en Estados Unidos, Venezuela, Caimán Island, Jamaica, Santo Domingo y Argentina con los que hemos compartido estas estrategias y las están usando para la gloria de Jesucristo.

Agradezco con toda mi alma a todos aquellos que constantemente nos motivan a seguir hacia delante.

Gracias a todos los líderes y pastores que constantemente me invitan a sus congregaciones a llevar estas estrategias de crecimiento.
Un honor servir junto a ustedes.

INTRODUCCIÓN

A quien no le gusta ser bien tratado al llegar a un lugar? Como te sentirías si al llegar a una tienda o un restaurante; la gente ni siquiera te saluda y no hace nota de que estas presente?

He visitado muchísimas iglesias en más de 10 países mientras hacia este estudio y me di cuenta que las iglesias poseen el peor servicio de atención al cliente que puede existir.

De 50 iglesias es posible que en 3-4 te saluden al entrar y te digan "Bienvenido, Como está usted? Qué bueno que nos acompaña?

1 iglesia de cada 100 me sentó con una persona que me ayudara a buscar en la biblia o que me trate personalmente.

Al final de los servicios 1 o 2 pastores de cada 100 se acercó a saludarme.

Y solamente 5 de cada 100 me llamaron después de que me llevaran un papel supuestamente para darme seguimiento.

En 97 iglesias de cada 100 la gente se fue sin saludarme. La gente iba muy rápido para conversar con sus "hermanazos" que se olvidaron del apuesto que esperaba un saludo de ellos. Tal vez 2 o 3 hermanos se detuvieron a saludarme y preguntarme si era nuevo en la zona o la razón por la cual había visitado la iglesia.

Pero seguimos predicando que Cristo Viene y que Estamos en la recta final y que esto y aquello. Seguimos hablando que Jesús nos ama y que debemos llevar el mensaje de salvación a los perdidos. Que Dios ama al pecado y quiere salvarlo. Esa es la razón por la que las iglesias se mantienen pequeñas y con bajo índice de crecimiento.

La apatía está matando las congregaciones. De cada 100 Templos históricos, 75 tienen personas de otra generación. En los Estados Unidos los templos van pasando de grupos de colores a diferentes grupos étnicos, sociales y culturales.

Ejemplo

a. Templo construido en 1600 por un grupo de inmigrantes Ingleses.

b. Luego lo tomaron un grupo mixto de irlandeses

c. Un grupo de Americanos mixto

d. Al 2016 ha visto más de 6 tipos de personas y hoy está lleno de Centro Americanos.

Si estos no hacen el trabajo, el templo también los vera irse y lo mismo se repite por todo el mundo.

Hasta cuándo? Hasta que tomemos en serio el llamado de Jesús de IR POR TODO EL MUNDO Y PREDICAR EL EVANGELIO A TODA CRIATURA.

El Señor Jesucristo instruyó a sus discípulos con palabras muy importantes de instrucción; diciéndoles que para asegurar la expansión del reino, tenían que hacer más discípulos, tenían que bautizarlos y enseñarles a obedecer a Cristo; y que él estaría con ellos. Ya sea que en misiones anteriores Jesús había enviado a sus discípulos, solamente a los judíos, esta misión es ahora a todo el mundo y Jesús que es el rey de la tierra y murió por los pecados de todo el mundo. Dondequiera que vayamos, a la próxima puerta o a entrar a otro país a ser discípulos; no es una opción, sino un mandamiento.

Es importante que entendamos que estas últimas palabras, llamadas: la gran comisión, porque no son un curso acelerado de evangelismo, sino que nos enseña cómo construir la iglesia. Primero; Jesús nos enseña que Él es la fundación de la iglesia porque a él le ha sido dada toda autoridad y él nos instruye a ser los discípulos. A él debemos darle gracias por su salvación que nos ha sido dada sin merecerla.

1. **La gente se pone cada día más hostiles con relación al cristianismo. Expresan más dudas, frustración y escepticismo y esto particularmente entre los adultos jóvenes. Según la juventud, los cristianos tienden a juzgar muy rápido, tienen estilos de vida hipócritas y son muy políticos. También dicen que los cristianos están pasados de moda, son poco inteligentes y aburridos. Según los estudios de Barna; los**

cristianos son insinceros y no pueden vivir en paz entre las demás personas (Barna, 2007).

Necesitamos trabajar alrededor de nuestros familiares, nuestros amigos, nuestros vecinos, nuestra comunidad, así como participar de la necesidad de las casas de necesidad, como son las cárceles, los hospitales y otra cosa por el estilo.

"El evangelismo alcanza todas esas fronteras y nosotros, como evangelizadores, o evangelistas, en el término general de la palabra, tenemos que, identificar lo que es el término de evangelismo. Y no solo el término de evangelismo, sino también, una iglesia contagiosa".

En nuestra clase, con el Dr. Peter Ramos Silva[1], nos habla de cinco maneras usadas por los Cristianos, en lo que el cita a los bautistas, los metodistas, los luteranos, los pentecostales, y los presbiterianos sobre cómo alcanzar a los no creyentes. Hay algo que ellos hacen, el uso de literatura en las escuelas bíblicas de verano, igual que los correos a visitas a diferentes aspectos y sectores entre otras cosas. Ahora bien, hay cientos más de estrategias que podemos citar a la hora de evangelizar y que estaremos trabajando un poco más allá en esta presentación.

---

1 El Dr. Ramos es el Rector de la Universidad Cristiana, con sedes en varios estados de la Unión Americana

En cuanto a los cambios de iglesia, según el mismo Sr. Ramos Silva, se entiende que en el concepto de mega iglesias no se están dando conversiones. *"Lo que se está viendo es personas que cambian de lugar a la hora de congregarse en una iglesia."*

Se puede decir que se está dando las mismas estrategias comerciales de lo que es la globalización pero en este caso en la espiritualidad. Según he estado mirando el avance comercial de los países, podemos ver que muchas compañías como por ejemplo; Target, Wal-Mart, las farmacéuticas como Duane Read, Wallgreens, y como no; las cafeterías como Starbucks y Dunkin' Donuts alcanzan cifras millonarias mientras las actividades locales o regionales pierden venta y desaparecen. Es fácil notar que cuando Barnes and Nobles, la librería impactante, llega a cualquier pueblo las librerías pequeñas van a comenzar a caer porque no tienen el poder ni el valor para competir con los precios, las estrategias, el marketing, y las ideas de estas compañías grandes.

Así mismo está sucediendo en la iglesia. Algunos grupos, se han hecho valer de las estrategias definidas en este libro y están instalándose en el centro de un pueblo con mega edificios, estaciones de radio y televisión valoradas en millones y millones de dólares y claro se ve que las iglesias pequeñas de esos lugares se ven drenadas porque pierden la membrecía, porque la moda y la línea, de hecho es, participar con una iglesia inmensa y grande.

En el libro de "Evaluating the Church Growth Movement", editado por Paul E. Engle, ellos evalúan constantemente la forma en que las iglesias crecen constantemente; ya sea con una respuesta centralizada, reformista, renovadora o de evangelio y cultura. Ellos nos dicen que, de todas formas, no podemos obviar que algunas iglesias crecen porque las palabras vienen a la mente. Se piensa en iglesias grandes, pequeños grupos, adoración contemporánea, mercadeo, y muchos otros conceptos que son relacionados con la iglesia.

Independientemente de las influencias que puedan tener las megas iglesias en nuestra comunidad, nosotros como líderes necesitamos adaptar nuestra iglesia a un proceso de cambio contagioso.

Debemos fomentar una iglesia que se adueñe y modele los valores de evangelización, inculque valores evangelizadores a quienes los rodean, autoricen liderazgo en el área evangelizadora, libere y prepare cada creyente, desarrolle un equipo evangelizador y a su vez innove los ministerios y los programas de alcance con alto impacto.

COMPRENDE LA EMERGENCIA

Hace unos años, yo estaba parado en una estación de peaje, en la Republica Dominicana. Cuando yo estaba parado en la estación de peaje, yo veo una ambulancia que pasa rápido. A más de 70 millas por hora. Cuando yo veo la ambulancia que pasa a más de 70 millas por hora, el Señor empieza a tratar conmigo mientras espero en mi carro que llegue un pastor, porque tenía que darle una campaña. Y me pregunto, ¿Señor, que tú quieres conmigo y esta ambulancia? Y las preguntas que me hizo el Señor esa preciosa tarde cambiaron mi vida. Y se las voy a traer a ustedes.

La primera pregunta es, ¿Por qué la ambulancia va tan rápido? Y di la misma respuesta que usted me va a dar. ¿Por qué la ambulancia va tan rápido? Tiene urgencia. ¿Están de acuerdo? Pero hay algo que me preocupo. Cerca de la ambulancia y del peaje, había un carro de policía que no hizo nada cuando la ambulancia paso des veces por el límite de velocidad. Entonces el Señor me pregunto, por qué la ambulancia, ¿si está prohibido pasar el peaje, la ambulancia no pagó? **Porque tenía una emergencia**. Pero okay, está bien que no pagó, pero el policía no lo persiguió. Después de esto, me hace otra pregunta el espíritu, Por qué, si los vehículos de la Republica Dominicana solo les permiten cuatro luces, la ambulancia tenía como 60 luces. Entonces me pregunta, ¿Por qué tenía tantas luces? Porque necesita identificarse. **Identificarse con un propósito**. Y vuelve y me pregunta el espíritu sobre el sonido; hay un límite de sonido en todas las ciudades en los vehículos. Pero este sonido no es de cien; sino de más de cine Cibeles, que con un sonido alto viene la ambulancia para que todo el mundo se quite del medio. ¿Por qué el sonido? La misma repuesta. Para alertar a las personas. Y yo, creyéndome inteligente, el Señor me dice, ¿tú crees que el conductor de la ambulancia conoce a la persona que va a buscar? Pero si el conductor de la ambulancia está en su casa, y le entra la llamada, mientras esta almorzando, bistec encebollada, o pupusas, o tortillas; y Suena el teléfono y le dicen "corre para la ambulancia!" ¿El espera la comida, o se lanza? Se lanza. Que interesante la analogía.

Y la pregunta que sigue, pero él no lo conoce. Quiero traer esa analogía a la iglesia. **Hay una urgencia en el mundo que nosotros no estamos atendiendo**. El llevar el evangelio es una urgencia peor que la urgencia del conductor de la ambulancia. Porque él va a buscar personas para rescatarlos de la enfermedad, y nosotros vamos buscando gente para rescatarlos del infierno; de las garras del mismo diablo.

Estas preguntas el Espíritu de Dios las puso en mi corazón con dolor por las siguientes razones:

- Los hijos de Dios saben quiénes se están perdiendo, puede ser nuestro cónyuge, hermano, vecino, familiar, amigo, compañero de escuela, trabajo o universidad, compatriota o desconocido y...

- La lentitud con la que se lleva el mensaje demuestra el desinterés sobre el tema (perdone usted, pero al escribir esta parte siento que Dios me dirige a decirlo de esta manera.)

- Las alarmas y las luces están apagadas en la escuela, la casa, la universidad, el trabajo, la tienda, el mercado sin tener en cuenta el deber que Dios ha encomendado.

- Se utiliza cualquier tipo de móvil para dar a conocer al Señor, olvidando que su Palabra tiene el absoluto poder para mostrar la verdad que no lo dan los libros. Solo en ella encontramos la función que Dios quiere para sus hijos.

- Las actitudes de indiferencia ante el trabajo que Dios ha encomendado a su pueblo de ganar almas.

Debo confesar que estas situaciones son una realidad cruda entre nosotros los hijos de Dios y con dolor en mi corazón lo digo, hermano y hermana que lees. Recuerda que hay una parábola de los talentos que puede ser nuestra, cuál será la respuesta cuando el Señor pregunte: ¿qué hiciste con el talento que te dí?

Pregunta problema

Pero entonces, ¿Por qué nosotros vamos tan despacio? Lo primero es la posición del chofer. Ese hombre tiene que estar dispuestos. Muchos conductores de ambulancias han muerto en accidentes. Muchos bomberos han muerto en accidentes. Tratando de salvar una vida. Pero hermano, nosotros estamos ocupados.

Cuando llega el momento de salir a rescatar a las almas, y el pastor o el líder de evangelismo nos llama para ir, nos sentamos, y decimos no puedo ahora. "estoy ocupado" el Señor pregunta, "porque mi iglesia va tan lenta? Si Jesucristo viene esta noche, tu familia va al infierno; y no es un juego ni es negociable. No llevamos ningunas luces. Que pasaría se el chofer de la ambulancia, no se va en la ambulancia, sino en un carro normal. No llega. Los carros no se mueven y no le abren el paso. Por eso es que les digo a las iglesias que nuestro carro es el poder del espíritu santo porque lo que atemos en la tierra será atado también en el cielo. Porque nuestra lucha no es ni contra sangre ni carne, sino contra potestades. Pero lo que nos dice Efesios 6. 10 si nos ponemos las armaduras de Dios, podemos enfrentar cada dardo del maligno y permaneceremos firmes. Pero no podemos asustarnos, esto no es cuestión de que está pasando; es cuestión de que hay una urgencia. Y tenemos que agarrar el poder de Dios y su palabra y llevarla hasta que lleguemos hasta dónde vamos.

¿Pero y el sonido? Siempre uno de los seminarios que impartimos se llaman "La visibilidad de la iglesia" ¿usted cree que es fácil obviar la visibilidad de una ambulancia? Hermanos, hay que verla. Porque si no el conductor de la ambulancia te grita, "conductor a la derecha!" y la ambulancia encima de ti.

Luz

La visibilidad de la iglesia es un compromiso nuestro y que entendamos que tenemos que dejarnos ver. Hay un grupo cristiano llamado Christian Brothers que tiene una canción titulada "Cristiano de la Secreta" "cuando salgo de la iglesia entro la Biblia en una bolsa para que a nadie se le ocurra que yo soy algún cristiano; porque soy cristiano de la secreta". La iglesia tiene que dejarse ver. Todo el mundo tiene que saber que aquí hay fuego y que se tiene el diablo que quitar del medio porque vamos a buscar las almas donde quiera que estén metidas.

la Biblia dice en San Mateo 5,13-16 Ustedes son la luz del mundo. Una ciudad en lo alto de un cerro no puede esconderse. Ni se enciende una lámpara para ponerla bajo un cajón; antes bien, se la pone en alto para que alumbre a todos los que están en la casa. Del mismo modo, procuren ustedes que su luz brille delante de la gente, para que, viendo el bien que ustedes hacen todos alaben a su Padre que está en el cielo.

Leyendo y meditando esta palabra, me pregunte a mí mismo: Cuantas veces además de esconderme de Dios, escondí, y tape su luz y su gracia, cuantas veces a lo largo de mi vida me hice el sordo a este llamado del Señor de que soy "La luz del mundo", y por ello tengo que procurar hacer que esta luz, de la bondad, luz de la alegría, luz de esperanza, luz de fe, luz de amor, brille y guíe a los demás.

Quizás más de uno en este momento también reconozca y diga que ha escondido la luz,   muchos de nosotros en vez de alumbrar a los demás, somos piedras de tropiezo.

En vez de guiar a los demás, hacemos que los demás sigan nuestro camino, que es un camino sin Luz,   cuantas veces como padre de familia, hemos dado mal ejemplo a nuestros hijos,   como esposo (a) mi deber era el de transmitir confianza, ternura, amor, y en vez de ello he causado odio, rencor y división.

Como miembros de la iglesia de Cristo nuestra labor es transmitir Luz, pero nosotros mayormente apagamos esta luz y debido a nuestro accionar en las obras del mal, nos hacemos miembros de las tinieblas y la oscuridad. Quizás a muchos de nosotros nos gusta esconder la luz y la gracia de Dios.

Sonido

Pero, ¿Por qué el sonido? Hay que sonar. No es como dicen que por quien suenan las campanas, nosotros somos la única esperanza que tienen las almas. En el año de 1984, fui a predicar a una iglesia en un lugar llamado Buenos Aires. El pastor, antes de pasarme a predicar, le dice, "hermanos, mañana vamos a salir a evangelizar. ¿Cuántos pueden ir conmigo?" levantaron dos las manos. El pastor tiene como 75 personas. Y el pastor, "hermanos, ¿Cuántos pueden ir conmigo?" los mismos dos levantaron la mano. Cuando me entrega para el mensaje, antes de decir, "Dios Les Bendiga," yo le digo, "hermano pastor, talvez si usted invita al diablo a evangelizar evangelizan de una vez' porque estos son peores que la gente del demonio." Porque el diablo manda a su gente para la calle y se van todos.

Gracias a Dios que callo la bendición del espíritu cuando Satanás tiene una fiesta allá afuera, **nadie pone excusas.** Cuando hay una invitación a un cumpleaños, **todos los que son de él, salen.** Cuando es un pleito de gangas, de los gangueros **no se queda uno.** Porque los gangueros se dicen uno con otros, "a las cinco nos vamos a juntar". Hermanos, ¡y no falta uno! Esa gente está evangelizando su propio mundo. Pero a nosotros los cristianos, **muchas veces nos llaman a hacer el trabajo del señor, y estamos ocupados.**

Si todos permanecemos callados, y nadie quiere hacer sonar los sonidos del evangelio? Como alcanzaremos el pueblo para Dios?

El salmo 150 nos habla de alabar al Señor, pero debe de ir más allá de las cuatro paredes. Esta doxología (o sea, fórmula de alabanza a la gloria de Dios) resume las alabanzas de las otras composiciones salmódicas. Todos los seres deben formar un canto en honor del Creador. El universo es el templo de Dios y todos sus habitantes deben ser sus adoradores, reconociendo sus grandezas.--

El poeta comienza invitando a los seres angélicos a *alabar* a Dios, que habita en su *templo* celeste, *en su fuerte firmamento.* Los hombres deben sumarse jubilosos a esta proclamación de su grandeza, manifestando su alegría con los instrumentos músicos en reconocimiento de *sus obras magníficas.* El salmista no concreta si estas obras o hazañas han de tomarse históricamente en favor de su pueblo o en el orden de la naturaleza. La perspectiva es muy amplia: todos los seres -*todo ser que alienta*- deben formar un coro de alabanza al Creador. El universo es el templo de Yahvé y todos sus habitantes deben ser sus adoradores. Todos los seres deben hacer oír el solemne *aleluya* en honor del Creador.-- .

Pero en secreto, si bien dice la palabra que la Fe viene por el oír la palabra de Dios, pero como oirán si no hay quien les hable, si no hay quien les predique. Debe nacer en nosotros el deseo de interesarnos por los perdidos y entonces así podremos entender la carga que tiene Jesús cuando nos envía a predicar.

CONCEPTOS BÁSICOS PARA PROVOCAR UN IGLECRECIMIENTO.

Antes de realizar Iglecrecimiento debemos reconocer y poner en practica ciertos criterios y organizar la congregación de manera tal que podamos conocer todos estas definiciones y acuerdos congregacionales.

Nombre (Marca)

El nombre de nuestra organización debe ser una marca reconocida en el medio donde nos desenvolvemos y nos envolvemos. Una de las herramientas de evangelismo es el nombre de la congregación. Si el nombre de su denominación es difícil de asimilar yo le sugiero usar un "apodo" para la iglesia de manera que la gente pueda identificarse con ella.

No es lo mismo buscar una iglesia con nueve palabras en el nombre que una iglesia con dos o tres palabras.

- *"Casa de Oración"*
- *"Iglesia Abierta"*
- *"Casa de Gloria"*

No se conforme con menos. La marca de la iglesia es tan importante con la iglesia misma. Recuerde que refresco es cualquier cosa pero "Coca-Cola" es una marca.

Visión

La congregación debe conocer la visión de la iglesia. La visión debe ser breve y concisa. Debe tener el propósito final de nuestro trabajo, es como quisiéramos vernos en el futuro y mientras nos desarrollamos en la comunidad.

Estos son algunos ejemplos de visión.

1. Rescatar las familias para el Reino de Dios
2. Una iglesia integral donde las almas encuentran redención.
3. La iglesia del pueblo
4. Una casa de refugio para los necesitados espirituales
5. Una congregación de amor.
6. La iglesia de todos
7. Preparando la familia para el encuentro con su Dios.
8. Transformar (La Ciudad) para Cristo
9. Salvar almas, unir familias y predicar el año agradable del Señor.

Misión

La misión es el camino a seguir para lograr la visión de la congregación. Es el conjunto global de pasos que damos para llegar a donde queremos estar. Por ejemplo:

1. Desarrollar estrategias para el rescate de las familias de la comunidad.
2. Fomentar la redención entre los no creyentes
3. Ser el punto neurálgico de la comunidad

4. Proveer recursos espirituales para los necesitados

5. Enlazar la comunidad con el amor de Cristo.

6. Trabajar para ser una iglesia incluyente con un lugar para todos los integrantes de la comunidad

Logo

El logo es el dibujo clave de la congregación., es una gráfica que representa la institución. Cada congregación debe buscar un logo que la represente de manera tal que donde quiera que la gente lo vea sepa que se trata de la congregación.

Algunos logos famosos incluyen:

1. La marca de los tenis "Nike"

2. Los símbolos en los vehículos que los distinguen el frente (Cruz de Chevrolet, H de honda, H inclinada de Hunday, T de Tundra etc.)

3. La paloma del Espíritu Santo

4. M de McDonald's

AUDI

Vorsprung durch Technik

Slogan

El eslogan es la frase definitiva de la congregación, es la declaración de nuestro propósito. Es una frase que se pega y que todos van a conocer. Cuando se dice esta frase todo el mundo sabe de qué se trata.

1. "La iglesia de Boston"
2. Una iglesia única
3. La congregación del amor
4. Tu iglesia
5. La iglesia de la familia
6. Una congragación para ti
7. Tu casa

8. La casa del Padre

9. Una Iglesia como tú la mereces

10. Tu Camino a Casa

11. Redimiendo a tiempo

12. Un lugar de restauración, apoyo y empuje

Cita Bíblica

Cada congregación debe tener una cita bíblica que la identifique y la guie. Una cita que hable y enfoque el propósito de la misma. Ya sea que nuestro propósito sea atraer familias, evangelizar, rescatar, redimir, reconciliar, etc. debemos tener una cita bíblica que marque la diferencia y que todos los miembros la conozca y puedan interpretarla de la misma manera frente a todos y cualquiera.

1. "Mi casa y yo serviremos a Jehová"

2. "Reconcíliense con el Señor siempre"

3. "Busquen y encontraran descanso para sus almas"

4. Busquemos primeramente el Reino de Dios y su Justicia"

5. "Poned la mira en las cosas de arriba, donde esta Cristo, sentado a diestra de Dios"

6. "Miren a todos lados y busquen el camino antiguo y síganlo"

7. Algunos versos con citas.

"Justificados, pues, por la fe, tenemos paz para con Dios por medio de nuestro Señor Jesucristo" Romanos 5:1

"Bendito sea el Dios y Padre de nuestro Señor Jesucristo, que nos bendijo con toda bendición espiritual en los lugares celestiales en Cristo" Efesios 1:3

"Se acordó para siempre de su pacto;
De la palabra que mandó para mil generaciones" Salmos 105:8

"Entrad por sus puertas con acción de gracias,
Por sus atrios con alabanza;
Alabadle, bendecid su nombre." Salmos 100:4

"Aleluya.
  Alabad a Jehová, porque él es bueno;
  Porque para siempre es su misericordia." Salmos 106:1

Tipo de Letra

El tipo de letra debe ser uniforme y usarse en todas las correspondencias, letreros, afiches, programas y demás. Cada vez que ves una tienda o un producto siempre tiene el mismo tipo de letra en todo. Debes elegir apropiadamente el tipo de letra que vas a usar ya que las letras y el tipo van a decir mucho de tu congregación.

Fíjate que las letras de las grandes empresas siempre son las mismas.

Ejemplos de tipos de letra

En estas páginas de internet puedes encontrar hermosos diseños que pueden ayudarte a elegir un tipo de letra que llame la atención y permita consistencia. Si te fijas en la primera página vas a ver 40 diseños preciosos que han estado presente más allá de nuestra vida. Pues las letras han llegado a ser símbolos en sí.

- http://www.webdesignerdepot.com/2009/03/40-excellent-logos-created-with-helvetica/
- http://www.ampsoft.net/webdesign-1/WindowsMacFonts.html
- http://www.webdesignerdepot.com/2012/03/20-examples-of-beautiful-and-inspiring-fonts/
- http://wavian.com/fonts/fontlist1.gif

Directorio

Cada miembro de la congregación debe tener un directorio de los líderes de la congregación para poder comunicarse con o referirle personas nuevas.

Los líderes departamentales deben proveer a los miembros de sus números telefónicos y sus correos electrónicos para no tener fallas en la comunicación.

Ese directorio debe tener un listado de recursos disponibles para la comunidad. Puede ser electrónico y debe incluir los servicios públicos, nombres de funcionarios y contactos que funcionen. Si es necesario debes informarle a los servidores públicos que sus nombres están el directorio de tu congregación y eso le va a añadir cierto grado de respeto y responsabilidad.

Ubicación

La congregación debe estar en un lugar práctico donde la gente pueda llegar. Cuando te congregas en una zona comercial, la gente desaparece durante la noche. Debemos procurar lugares céntricos dentro del pueblo para poder interactuar con los residentes. Siempre he motivado las iglesias a comprender que el templo es una representación de lo que decimos. Un templo feo y desorganizado en dice mucho de lo que se hace en el lugar. Debemos hacer esfuerzos y un buen trabajo para que nuestro templo sea agradable a la vista y cómodo para los que visitan.

Nicho de trabajo

Como iglesia necesitamos determinar si nuestra congregación se enfoca a:

1.   Las familias

2.   Cristianos maltratados

3.   La juventud

4.   Parejas

5.   Servicios sociales

6.   Niños

7.   Entre otros

Lo que queremos en realidad es que después de identificar su nicho de trabajo, puedas fortalecer esas áreas y a su vez, abrirse más campo de trabajos.

Colores

Los colores de la congregación deben usarse en todo. Desde los letreros, las paredes, los documentos, las impresiones, las tarjetas, camisetas, gorras etc. La uniformidad es una señal clara de organización.

Las grandes compañías y empresas internacionales eligen colores que llegan a la mente. Si observas con detalle; en el 90 % de los anuncios de televisión siempre está presente en color azul por su influencia en el estado emocional de las personas. Cuando se usa un color fuerte como el rojo, los anunciantes no lo combinan con colores fuertes. Nuestros colores deben reflejar lo que pensamos y lo que creemos.

Recursos

Todos los miembros de la congregación deberán conocer los recursos disponibles de la congregación para la comunidad. Si usted ofrece cualquier servicio debe crear un directorio sobre los mismos y proveerlo a los miembros de la congregación. Entre los servicios más comunes he visto:

1.   Clases de idiomas

2.   Cuidado de niños

3.   Consejería

4.   Ayuda para inmigrantes

5.   Atención a los jóvenes

6.   Salas de tareas

7.   Capellanía

8.   Ayuda con documentos legales

9.   Etc.

FORMULAS PARA CRECER

En este tema quiero presentar estrategias de iglecrecimiento Entre ellas puedes encontrar procesos, decisiones, ideas y acciones que ayudan un miembro, su familia, su grupo y a la iglesia a expandirse en el sentido espiritual. Debe asegurarse y confirmar que regulaciones y normas legales tiene su ciudad o país con relación a estas actividades.

Las he colocado en orden alfabético para mayor facilidad.

1. **Actividades de esparcimiento al aire libre.** Los parques están áridos y deseosos de tener una actividad que los haga sentir vivos. ¿Qué le parece llevar a su grupo a una actividad donde puedan compartir un picnic, comer y claro, llevar sus amigos y claro, plantear el plan de salvación? Donde quiera que vayamos podemos traer el mensaje de salvación. Es como cuando Jesús se sentaba a comer, a cenar o a descansar. Siempre estaba llevando el mensaje de salvación a los necesitados.

2. **Aniversario de la Iglesia.** La fiesta mayor, una actividad grande. Todos están invitados, desde el gobierno hasta los pastores amigos, los amigos y la policía, los bomberos y los comerciantes. Todos participaremos de esto. Haremos sentir que la Iglesia es parte de todos y que todos somos parte de ella. ¿Cuándo es el cumpleaños de su iglesia? Los aniversarios deben ser instrumentos de evangelismo y no fiestas de cristianos. De que te vale invitar los mejores cantantes, predicadores internacionales, invertir miles y miles de dólares en decoración y tiempo de

preparación para divertir cristianos cuando hay tantas almas perdidas en la ciudad que tienes como fundamento alcanzar. He visto como algunas congregaciones reparan sus parqueos, arreglan sus baños, pintan las paredes, preparan cortinas, compran uniformes para todos los ujieres, cambian las sillas. Y después de una semana intensa de gozo, alegrías, fiestas y mucha comida…. La iglesia retorna a lo mismo por 51 semanas otra vez.

3. **Apadrinar un parque**. Casi todas las comunidades tienen un parque o un área verde que no se está tomando en consideración. Si es un parque, ponga una consigna, un permiso del ayuntamiento para apadrinarlo y coloque una tarjeta que lo identifique como ahijado de la congregación. Si es una área verde aproveche las ferreterías de la comunidad e inicie junto a los vecinos la construcción de una parquecito aun sea pequeño para descansar, sentarse o estudiar. En este parque habrá árboles sembrados por las familias de la comunidad. Banquetas donadas por una ferretería, luces instaladas por amigos de la Iglesia y será regido por la Iglesia. ¿Se anima?... Hágalo este año.

4. **Ayudando a las viudas.** Cuántas mujeres hay que han perdido su pareja y necesitan de ayuda material y espiritual. Preparemos un programa de ayuda económica mensual para las viudas, aun sea poco pero es mejor que nada. También buscaremos la manera de que las damas de la Iglesia se hagan amigas con el objetivo de llevarlas a Cristo. La ayuda puede ser programada una o dos veces al año para comenzar.

5. **Bajantes.** Simples pero impactantes. Determinan una labor importantísima, y son económicos. En los bajantes podemos colocar algunos de los elementos básicos de nuestra congregación como la misión, la visión, el logo o nuestra cita bíblica. Los bajantes se colocan en los postes de luz o en los esquineros de la ciudad.

6. **Banderas/ Banderolas.** Colocar la bandera de la congragación con la cita, el logo o la misión en cada hogar donde somos bienvenidos y en cada hogar de los miembros de la congregación. Mantenga el mismo tipo de letra, concepto e idea en todos los documentos impresos. Algunas congregaciones tiene una bandera en cada iglesia donde sus miembros residen. Te imaginas la bandera de tu congragación en 1000 hogares este año?

7. **Bazares/ Yard Sales.** ¿Quién no necesita comprar algo un día de fiesta o quien no necesita deshacerse de cosas que ha guardado por años en su garaje? ¡Qué magnífica oportunidad para que la iglesia y la comunidad compartan! Todo debe ser vendido a precios increíbles y podemos conseguir patrocinio de casa y compañías. Hagamos un bazar al año, solo o con una quermés. Esta actividad permite compartir el Evangelio de una forma masiva y permite también recaudar fondos para hacer todas las actividades que seleccione de este gran catálogo de estrategias de igrecrecimiento.

8. **Biblioteca.** Ya sea en el templo o en los estantes de los miembros que tienen negocios debemos disponer de algunos libros cristianos que la gente pueda venir a tomar prestados. Le hacemos un pequeño carnet y listo. La gente nos entrega sus datos y eso precisamente es lo que necesitamos. Estamos buscando personas a quienes servirles y con quienes compartir las buenas nuevas de salvación. Entre los libros puedes tener:

    a.   Biblias

    b.   Devocionales

    c.   Música

    d.   Libros de Crecimiento Espiritual

    e.   Estudios Bíblicos

    f.   Sermones Escritos.

    g.   Libros escritos por los miembros de la iglesia.

    h.   La Doctrina de la Iglesia

    i.   Estudios sobre los hombres y mujeres de la Biblia

9. **Blog**. El blog es una página de internet flexible que pertenece a la congregación o a los departamentos de la misma. En ellos hacemos anuncios, comentarios, ponemos videos y publicamos la agenda de la congregación. Es muy importante porque la gente puede ver lo que usted está haciendo con solo pulsar un botón del teléfono. Entre las paginas donde se pueden hacer blogs gratis y buenos tenemos a www.wordpress.com, www.blogspot.com *Entre los blogs que tenemos en* www.natanaelvalenzuela.com

a. Página Oficial del Ministerio

b. Cámara Cristiana De Comercios y Servicios Nueva Inglaterra

c. Centro Cristiano de Recursos Familiares

d. Centro de Enseñanza de Idiomas por Internet

e. Ministerio de Ayuda para Congregaciones

f. Conversaciones de Parejas

g. Nuestra página de YouTube

h. Nuestro FACEBOOK

i. Nuestra tienda de libros

j. Nuestro Google Plus

k. Página para ayudar a tus hijos a tener éxito

l. Si quieres seguir nuestras aventuras en Instagram

10. **Bolígrafos o lápices** con el versículo bíblico o el logo de la congregación. No olvide el número 1-800. Puedes incluir la dirección o cualquier dato. El asunto es estar presente en la mente y el corazón de las personas alrededor.

11. **Buzón de oración.** Es una caja donde todos colocamos nuestras oraciones y la Iglesia se integra a orar los unos por los otros. Motiva a los que visitan la iglesia, y a los amigos a depositar sus oraciones en esa caja. Debemos orar por esa caja de

peticiones cada semana y cada mes algún valiente deberá testificar sobre lo que el Señor ha hecho en cuanto a las peticiones que se pusieron en esa caja. El servicio de testimonios debe hacerse una vez por mes. La caja debe renovarse cada seis meses, si las oraciones no han sido contestadas, sería conveniente que los que estaban a cargo de orar, por el mismo periodo, acercarse al pastor o líder de oración y discutir las variantes y ver en donde está la voluntad de Dios. Pues puede ser que ser deba cambiar la forma de interceder o estar orando fuera de la Voluntad de Dios.

Luego con la dirección se realiza una segunda encuesta en su domicilio (se la llama por teléfono antes) explicándole: hace un tiempo le hicimos una encuesta y oramos por Ud.: ¿recuerda que fue lo que le pidió a Dios?¿Contesto Dios su petición?¿Cómo sigue viendo su futuro?¿Le gustaría que pidamos a Dios por alguna otra cosa? (se ora en ese momento) Ud. hace un tiempo atrás pidió a Jesús que entre en su vida ¿cómo se ha sentido desde ese día hasta hoy?¿Le gustaría saber más de Jesús como Ud. puede orar a Dios y aprender de su Palabra?. Se concreta una cita, se realiza un pequeño estudio sobre las bases del evangelio, la oración, la Palabra, la seguridad de la Salvación. En el tercer encuentro se invita a la persona, según el sexo y la edad y la cercanía a una reunión de hogar, hasta llegar a la Iglesia, bautizarse y servir[2]

12. **Café Reuniones.** Invitar personas a tomar un café con el propósito de hablarles de cristo. Esto se puede hacer en cualquier lugar y a cualquier hora. Él te funciona de la misma manera. Estas reuniones son informales y ocupan un tema de trabajo rápido y casi siempre son de una hora y máximo 90 minutos. Son una gran estrategia para reunir un grupo específico de personas con un propósito rápido y preciso. Se hacen fuera de la congregación y dan un resultado maravilloso.

1. Café parejas
2. Café juventud
3. Café esposos
4. Café solteros
5. Café viudas
6. Café novios
7. Café novias
8. Café emprendedores
9. Café embarazadas
10. Café comerciantes.

13. **Camisetas.** El mensaje usted lo coloca, por ejemplo: ¡Cristo, el dueño del barrio! Cuando vamos a hacer un evangelismo masivo en nuestra comunidad usamos todos unas camisetas iguales o del mismo color. Todas tienen mensajes parecidos y todas hablan de la obra redentora de Jesucristo. Puedes utilizar el slogan de la

---

2 Las encuestas fueron integradas por Natalia de Rio Grande en Ushuahia, Argentina en

congragación, el versículo bíblico o cualquiera de los conceptos que identifican la congregación.

14. **Campamentos.** Cuando hacemos campamentos de jóvenes. Los inconversos y descarriados que participan siempre tienen una experiencia transformadora.

   Ejemplo de campamento

   a.   Llegada viernes
      i.   Cena
      ii. Servicio de conocimiento
   b.   Sábado
      i.   Desayuno en la mañana
      ii.   Servicio de alabanza
      iii. Conferencias para varones y conferencia para hembras
      iv.   Almuerzo
      v.   Juegos y actividades
      vi.   Cena
      vii. Fogata
   c.   Domingo
      i.   Concierto y alabanza
      ii.   Mensaje lleno de la unción y el poder de la palabra
      iii. Llamado al arrepentimiento y la reconciliación
      iv.   Despedida

Recaudemos fondos para invitar amigos a estos eventos. Y que sea un evento de recordación para todos los que participen.

15. **Campañas al aire libre.** Muchas iglesias usan esta estrategia como si fuera la única y déjeme decirle que es una de las estrategias con menos resultados. Solamente el uno por ciento de los convertidos en campañas permanecen en la Iglesia. Ahora bien; existen ciertos principios para tener éxito en una campaña al aire libre. Debemos considerar ciertos aspectos como la planificación, organización, ejecución, control, evaluación y retroalimentación de la misma. Esto incluye los mensajes, ujieres, ofrendas, lugar, personal, aparatos, higiene, recursos, Biblias, seguimiento, orden, participación de asociaciones, otras Iglesias, etc. Las campañas no permiten imprevistos, debemos conocer todo de ella antes de anunciarla.

16. **Campañas de correo electrónicos.** En la página web o en los servicios debemos solicitar los correos electrónicos de las personas para poder enviarles el programa mensual de la iglesia; para felicitarlo en su cumpleaños y para que los líderes de áreas puedan contactarle para seguimiento. Existen robots y compañías que hacen este servicio. También puedes hacerlo desde tu propio correo electrónico. Asegúrate de usar 'Copia Carbón Oculta'' y no poner a todos en el mismo correo.

17. **Campañas intensivas para levantar una iglesia hija.** Se mueven 10 o 20 personas a un lugar para predicar por tres semanas llevando consigo un grupo de estrategias hasta lograr un número de salvos hasta que pueda comenzarse una iglesia (campo blanco). Utilizando este método he podido ayudar a levantar unas 20 iglesias. Para más información y datos de cómo hacerlo no dude en contactar nuestro ministerio en nv@natanaelvalenzuela.com . Les explicaremos como lo hemos planificado, como lo hemos logrado y como hemos dejado establecidas las iglesias en los diferentes lugares.

18. **Capellanía.** Tener capellanes en la congregación aumenta la visibilidad de la congregación en un 1000 o 2000 %. Los capellanes representan el ministerio de la Encarnación ayudando a los pobres, necesitados, enfermos, caídos, desvalidos, presos y oprimidos con un permiso legal e internacional que les imprime cierta autoridad en la comunidad, provincia, país y hasta internacionalmente. La Alianza Internacional de Capellanes y Agentes de Seguridad, Con sede en NYC y con un alcance en más de 20 países tiene miles de miembros que trabajan constantemente en la expansión del Reino y son una entidad reconocida por las Naciones Unidas como Embajadores de Paz, como policías voluntarios, capellanes para las fuerzas armadas y la policía, protectores de la ciudad y mucho más. Búscalos en Internet y únete a ellos.

19. **Células de Estudio Bíblico.** Permiten compartir de manera fija en un lugar determinado el evangelio de la paz y la doctrina de salvación cuando se llevan amigos a la célula. La forma más efectiva es con el evangelismo testimonial, que se propicia en este tipo de reuniones. Una célula de estudio bíblico cumple con las siguientes características.

    a. Una hora máximo

    b. Oración por las personas

    c. Cantar una o dos canciones

    d. Testimonios

    e. Exhortación no mayor de 20 minutos

    f. Oración

    g. Despedida.

20. **Cenas.** Al menos una vez al año debemos juntarnos todos cenar juntos. Claro, con amigos y familiares de los miembros de la iglesia y de esta manera compartir un rato sobre las experiencias de ser creyente. Este evento de gala permite la integración de los familiares de los hermanos y al igual de sus amigos y conocidos. También nos da la oportunidad de invitar cualquier persona que se encuentre como parte de estos grupos.

Hay muchas maneras de organizar esta cena.

    a. **Cena anual de la iglesia**

    b. **Cena anual de caballeros**

    c. **Cena anual de la red de damas**

d. **Cena anual para jóvenes y adolescentes**

e. **Cena especial para niños**

21. **Como saludar a los no creyentes.** En ocasiones nos vemos con un creyente y un no creyente al mismo tiempo. Al creyente le deseamos la bendición y decimos un frío "Hola" al no creyente. Es inverso, Dios derramara bendiciones sobre todo aquel que las necesite. Dígale: -"Dios te bendiga" permita que esa expresión de amor cubra las calles de su sector y que ellos se acostumbren a ser bendecidos por la Iglesia. A donde vaya dígale a la persona que se encuentre en su camino: ¡Dios te Bendiga! Si lo aceptan, invítelos a recibir más bendiciones en el próximo servicio, entrégueles el brochure o la tarjeta pero no pierda la oportunidad para testificar de Cristo.

22. **Con el ejemplo.** Cuando usted da el ejemplo en el entorno donde se desarrolla su vida, puede traer almas a los pies del Maestro. Pablo exhorta a su joven amigo Timoteo a ser un ejemplo de los creyentes. Tomando esto como parámetro nosotros también podemos ser ejemplos de los creyentes en todas las cosas que nos han ensenado. Cuál es la visibilidad de su comunidad de adoración? Como te percibe el pueblo? Entiende la gente que son un grupo de auto justificados o un grupo de personas que se identifica con la comunidad? Somos los que se encierran en 4 paredes a disfrutar de ciertas formulas secretas

para ser felices y que no compartimos con los demás? Miramos a los demás con desdén, y con asco? No tienes idea del tipo de cristianismo que se vive en algunas áreas alrededor del mundo donde un grupo de personas llamadas cristianas hace mal con relación al mandato de ir por todo el mundo y predicar el evangelio a toda criatura.

23. **Conciertos.** En ellos los amigos se deleitan al escuchar canciones que alaban a Dios. Debe ser cuidadoso con los grupos o cantantes que invita. No todos viven lo que cantan. Debes conocer su estilo de vida además de asegurarse que las canciones sean evangelísticas. Existe música para cada grupo de persona. Por lo tanto un concierto debe ser planificado de acuerdo al tipo de persona que se precisa alcanzar.

Existen grupos que son ministerios musicales, estos son más económicos que los solistas, pues no siempre habrá muchos fondos para pagar y los ministerios tienen otras fuentes para sus ingresos. Ahora bien si planifica con solistas sea responsable de cooperar con su ministerio económicamente.

24. **Concurso de manualidades.** En ocasiones, necesitamos decorar una Iglesia, o tal vez la escuela o un hospital o una cárcel o cualquier cosa que necesite embellecimiento. Aprovecharemos para hacer una feria de manualidades donde participan las damas de la iglesia y de la comunidad. En esta actividad las damas de la

iglesia harán relaciones amistosas con las que no son cristianas, con el propósito de traerlas a Jesús.

25. **Conferencias.** Enseñe a la comunidad sobre tópicos científicos, económicos y sociales, temas que puedan ser de interés para todos. Entre estos temas puede tocar la importancia del presupuesto, la situación política, la economía global, la incidencia de lago sobre la comunidad, el parto prematuro, la salud familiar, etc. Use los profesionales de la iglesia o del gobierno pero no deje de invitar a los amigos. Al final, la reflexión para invitar a Cristo. Prepare tres conferencias al año. (Ver Seminarios)

26. **Confraternizar con otras iglesias**. Es conveniente visitar iglesias que compartan nuestra doctrina con el propósito de aprender de ellos y compartir con ellos nuestras costumbres de alabanza y adoración. Además nuestros jóvenes, damas y caballeros podrán relacionarse con amigos y hermanos para seguir trabajando en la mies.

Es importante invitar amigos a compartir con la iglesia amiga que nos visitará. Es prudente que la iglesia lleve unos programas dignos de invitar amigos al servicio. Esta actividad se puede realizar tres veces por año.

27. **Consejería.** Abre las puertas de la congregación para que las personas necesitadas de consejería puedan venir y ser edificadas. Puedes buscar consejeros de salud, de parejas, vocacionales y de cualquier otra índole que puedan dedicarle unas horas a la semana a la expansión del Reino en este sentido. Para esto debemos promover la capacitación constante de los miembros de la iglesia. Si es necesario pagar por el desarrollo profesional de algunos de nuestros líderes para que puedan ministrar a la comunidad como se debe.

28. **Correos para los nuevos residentes y para los viejos también.** De acuerdo a las oficinas del censo usted puede enviar cartas a las personas según criterios específicos. Con poco dinero usted puede clasificar y enviar una carta a todas las mujeres de una zona clasificándolas hasta por edad si quiere hacer un servicio para damas.

    También puede enviar a todos o a algunos. Solo tiene que hacer una llamada o visitar su oficina postal más cercana. También tienes la oportunidad de pedir un listado de nuevos residentes del pueblo y de esa manera puedes darle la bienvenida cordial a la comunidad y a la iglesia.

29. **Correos electrónicos de los líderes.** La congregación debe invertir algunos dólares (no más de 20) para lograr un dominio de internet y de esta manera contar con correos electrónicos que representen el sentir y la seriedad de nuestra organización.

En cierta ocasión recibí un correo electrónico de Chiqui2334@.......net y a la verdad amados que no lo abrí para nada. Luego me llamo alguien y me dijo que era una pastora que necesitaba una campaña. La iglesia debe tener correos electrónicos que se auto dirijan a las personas a sus correos regulares.

a)   *Oracion@casadelpadre.org*

b)   *Jovenes@casadelpadre.org*

c)   *Damas@casadelpadre.org*

d)   *Pastor@casadelpadre.org*

Estos correos se ven mucho más diplomáticos, serios y considerados que:

a)   *Chapina23@.....con*

b)   *peperomantico@......con*

c)   *javierexigente@......con*

Claro cuando configuras los correos. El correo de oración@casadelpadre.org puede auto dirigirse a cualquiera de los correos de las personas encargadas de la oración.

30. **Cumpleaños de alguien.** Sea un miembro prominente de la iglesia o uno de la sociedad. Celebremos y dediquemos un día para celebrar, el propósito es acercarlos a Cristo. Los cumpleaños son ocasiones donde la gente está más fácil de alcanzar.

Visitemos y hagámonos presentes. Enviemos tarjetas, invitaciones y celebremos las personas que esperamos que sean parte de la comunidad de adoración a la que pertenecemos. Una tarjeta de cumpleaños tiene un efecto especial en las personas.

31. **Cursos de orientación familiar**. Cuantos hogares se destruyen mientras la sociedad sigue siendo orientada solo por la televisión, usted puede y debe organizar seminarios familiares con ayuda profesional. Hágalo tres veces por año. Invite a los amigos, las parejas, los jóvenes, los niños. La familia está en constante transición. Existe una tendencia enorme a la destrucción de las parejas. En los Estados Unidos uno se termina. No solo el divorcio es más común que hace unos años, también sabemos que son mayores los efectos psicológicos en los niños. Los efectos del divorcio duran mucho (Graham, K. 1995) y nosotros podemos ayudar a las familias antes de destruirse.

32. **Dando un servicio afuera del templo cada cierto tiempo**. Cierre el templo de vez en cuando, cuatro veces al año y haga el servicio afuera. El mismo culto de adentro pero afuera. No necesita un predicador extranjero solo usted y sus miembros. De esta manera los amigos y miembros de la comunidad se enterarían de lo que se hace dentro de esas paredes. Fíjese que la iglesia primitiva no tenía templos. La gente se acomoda mucho a la idea de templo, sin embargo; debemos comprender que la función de la iglesia está afuera de las 4 paredes.

33. **Decorando un lugar.** Elija una decoración Cristo céntrica para el área de la iglesia en motivos especiales y adelántese. Demuestre la presencia de la iglesia para que todos digan: ¡La decoración de la iglesia esta bella! Integre los jóvenes y a los amigos a esto. Le aconsejo que decore aun sea tres veces por año y el aseo en febrero, diciembre o para el día de las madres. Pero alegre su zona.

34. **Desayuno en día feriado.** Tome los caballeros, incluya los esposos de las hermanas o los jóvenes y sus hermanos no creyentes y llévelos a un lugar para un desayuno en día de fiesta, comparta con ellos la grandeza del Señor y déjeles saber que son importantes para la Iglesia. Da muy buen resultado. Se puede utilizar la misma metodología de las cenas o de los cafés. Con la ventaja que los desayunos son más casuales y si es un día feriado y planificado con tiempo… tendremos a las personas por más tiempo.

35. **Día de colores.** Este día toda la congregación se viste de camisa o blusa de un mismo color o con una t-shirt con el logo o la misión de la iglesia. Al hacer esto producimos impacto en la comunidad. Puedes hacerlo cada seis meses.

36. **Día de la familia.** Este día nos vamos todos al parque con un programa dedicado a toda la familia. La programación inicia con mucho tiempo para que cada creyente pueda invitar a todos los miembros de la familia y puedan inclusive invitar a otra familia a

compartir con nosotros. Si se hace necesario los líderes deben envolverse para que estas invitaciones lleguen a los interesados y a los invitados. En este día vamos a reconocer a todos los que vienen por primera vez.

37. **Dramas.** Los dramas cortos pueden producir resultados impresionantes. En las grandes ciudades como NYC y Boston siempre hay grupos de personas haciendo eventos para ganar dinero en las paradas de autobuses y trenes. Busca dramaturgos pueden preparar dramas de pocos minutos para presentarlos al aire libre en la comunidad y en las estaciones. Pueden ser dramas sobre canciones evangelísticas y con propósitos de redención.

38. **El aseo del templo.** La iglesia es responsable de que toda el área del templo este impecable, pues la higiene dice mucho de los dueños de la casa. Los amigos se sentirán cómodos en un lugar limpio. Con regularidad nosotros en la iglesia entramos como si fuéramos visitantes y nos aseguramos que lo que se ve al entrar sea agradable a la vista y fácil de transitar.

Nos aseguramos que no hay cosas innecesarias en el medio. Los templos deben ser minimalistas en su interior. Esto indica que debes tener lo menos posible y lo que hay está bien organizado. No hay cajas, ni plásticos, ni cables sueltos ni equipos sin usar. En un templo se tiene lo mínimo que se necesita para hacer o celebrar un servicio a Dios. Cuando pienses en que tanto debe estar hermoso solo tienes que ver los templos de los programas de televisión donde no vas a ver nada que no sea estrictamente necesario. Pues al momento de que tus servicios estén disponible en la internet, en las redes sociales o en la televisión local, no quieres que salgan estas cajas viejas que están en la esquina desde el 1945.

39. **El ayuno.** Ayunar nos permite sacrificar nuestros deseos para lograr una mejor comunión con Dios. Mientras más lo hacemos más comunión tenemos y Dios no rechaza a aquellos que vienen y se humillan delante de Él. Si nosotros hacemos cadenas de ayuno por nuestra vida espiritual y de paso lo hacemos juntos mientras clamamos por las almas veremos resultados. A través de la Biblia; los ayunos hicieron cambiar el corazón de Jehová. Sacrifiquemos nuestros cuerpos en sacrificio vivo y pidamos por las almas que necesitan salvación. De la misma forma que el pueblo de Israel necesitaba intervención divina a la hora del juicio del rey nuestro pueblo necesita misericordia. Prepara un retiro de oración y ayuno y a clamar por ello.

40. **El boletín de la Iglesia.** Puede ser también el periódico de la comunidad. Debemos incluir un testimonio de las cosas que van sucediendo en nuestro medio. Introduciremos los listados de teléfonos de la comunidad y un artículo de interés para ellos. En este brochure siempre invitaremos a la iglesia y les haremos saber que pueden contar con nosotros en todo momento. En este boletín, además de la agenda mensual o bimensual de la congregación vamos a poner noticias y asuntos de la comunidad.

Lo que sucede y lo que viene. De esta forma toda la comunidad va a necesitar tener este documento a mano para poder enterarse de lo que acontece en el pueblo.

41. **El brochure de la Iglesia.** Este tipo de estrategia estará presente en cada hogar de la comunidad. En ella daremos a conocer todas las informaciones sobre programas y actividades. Este brochure tiene los teléfonos de los líderes y o el número de la persona que está regalándolo, además tiene una encuesta sobre la necesidad del que lo recibe de un estudio o de oración. En este brochure podemos incluir un volante para participar en la caja de peticiones. Debe estar fresco y sin rayones. Piensa en como las grandes empresas aprovechan esta oportunidad para llegar a sus prospectos. Lo hacen con pulcritud y elegancias. Es mejor hace una pequeña recolección que hacer un brochure que se vea feo y no represente lo que queremos representar.

42. **El letrero.** Lo que diga su letrero es muy importante con relación a lo que quieres dejar saber a la comunidad. Nuestra iglesia se llama "Casa de Oración Brooklyn" y la gente tiene una idea de lo que hacemos allí. El letrero de una iglesia debe ser claro, visible y sin faltas de ningún tipo. Tienes que incluir datos importantes y no debe tomar más de 2 segundos para dar una idea general al que pasa manejando por un lugar. Use colores impactantes y para ideas mire a su alrededor para notar que ninguna empresa de impacto internacional tiene un letrero feo ni mal escrito.

Recuerde que "el nombre del pastor no es tan importante como el nombre del Dueño"

43. **El mural.** Es una herramienta útil si tiene informaciones que sean de interés para todos los elementos envueltos en la Iglesia y la comunidad. Es necesario tener una persona que organice y procese la información que vamos a colocar. Entre la información podemos poner los programas, las ventas, las actividades y noticias de interés mundial que se relacionen con el desarrollo del Evangelio. Es importante también colocar copias de los mensajes, de las agendas de la iglesia y de novedades varias. Este tipo de estrategia es buena desde el punto de vista que los amigos tengan una razón que los motive para ir al mural. Repare su mural cada mes, esto se puede hacer doce veces por año. En algunas congregaciones tienen un mural exterior que sirve de orientación a la comunidad.

44. **El nombre.** La gente tiene una idea de lo que su iglesia significa y lo que puede hacer por ellos desde que leen el nombre. Algunas iglesias cerca de la nuestra tienen algunos nombres de ciudades de la Biblia y de algunos nombres de Dios. Algunas tienen nombres de palabras o acciones que solo son importantes para aquellos que ya están en la iglesia. Tenemos que preguntarnos a que iglesia entrarías más fácil de las siguientes. Si la gente no entiende el nombre de tu iglesia no va a querer entrar o no va a saber qué

pasa en ese lugar. Pedimos disculpas si su congregación tiene uno de estos nombres. No es nuestra intención ofender.

De todos estos nombres de iglesias, ¿A qué iglesia crees que entraría más fácil un no creyente?

a) *El Ojo Que Todo Te Ve.*

b) *Bet-El*

c) *Iglesia el Remanente*

d) *Iglesia Casa de Oración*

e) *Iglesia La Shekina de Dios (Que significado tiene para el no creyente?)*

f) *Iglesia Jerusalén.*

g) *Iglesia Rebañito de Jesús (Este parece un nombre de pre-escolar)*

h) *Ministerio Nisi-Shadai-Elohim*

i) *Congregación Hora del Juicio*

j) *Iglesia Paranaran, Jeshua*

k) *Puerta de la Misericordia*

45. **El orden del servicio.** Los programas deben ser planificados con tiempo a manera de evitar en lo más posibles las improvisaciones a la hora de los servicios. Cada participante debe, con anterioridad, preparar su participación con esmero y dedicación sabiendo que es para el Rey de Reyes que va a presentar una función.

Si quieres planificar un servicio que sea de significado para los visitantes y los miembros, hay algunos principios que tomar en cuenta independientemente de la forma que quieras y estés acostumbrado a hacerlo.

Entre estos principios elementales tenemos que citar la unidad, el movimiento, la facilidad del servicio, la claridad y el balance. En el espíritu de un servicio evangelísticas un sermón viene al final y tiene relación con todo lo que se ha estado haciendo hasta el final (Armstrong, R. 1986)

En especial el servicio del domingo. DEBE SER EJEMPLAR. Y con doble enfoque. La mayoría de los servicios dominicales estar orientados a la iglesia solamente sin tomar en cuenta las visitas. Si tienes 100 miembros en la iglesia y llega el domingo un grupo de visitantes no convertidos. Tienes que cambiar las canciones, los temas y hasta el mensaje.

Muchas de las canciones cristianas no le dicen nada al visitante pues son escritas para momentos de una intimidad que aun ellos no disfrutan.

46. **Encuentro de parejas.** Esposos o novios que compartirán las bendiciones de Dios juntos y sobretodo, invitarán a sus parejas de vecinos a esta actividad. En estos encuentros de pareja debemos tratar temas que sean necesarios para el funcionamiento de las parejas y los matrimonios. Hemos participado de retiros de

parejas y sabemos a ciencia cierta que son transformadores y bendicen los matrimonios. Entre los temas podemos tratar:

a. **Finanzas**

b. **Crianza**

c. **3ras personas**

d. **Comunicación**

e. **Evaluación y Renovación de la Relación**

f. **Los puntos neurálgicos de una familia eficaz**

g. **Diplomado en Relaciones de Parejas**

h. **Sanando las Heridas**

i. **Sexo**

Si necesitas alguna de estas conferencias puedes comunicarte a nuestras oficinas para planificar nuestra visita. Con gusto te visitaremos.

47. **Encuestas Evangelísticas,** en las calles o por las casas de a dos personas, constan las siguientes preguntas, ¿cómo ves el futuro?, ¿Cómo ves su futuro?, ¿Dónde le gustaría llegar en cinco años? ¿Qué quisiera que Dios haga en la próxima semana? ¿Me dejaría pedirle a Dios por Ud.? (se ora por la persona en ese momento) ¿le gustaría tener un encuentro personal con Jesús? Se le presenta el plan de salvación, se le toman los datos completos, y se la invita a las reuniones de hogar.

Luego con la dirección se realiza una segunda encuesta en su domicilio (se la llama por teléfono antes) explicándole: hace un tiempo le hicimos una encuesta y oramos por Ud.: ¿recuerda que fue lo que le pidió a Dios? ¿Contesto Dios su petición? ¿Cómo sigue viendo su futuro? ¿Le gustaría que pidamos a Dios por alguna otra cosa? (se ora en ese momento). Usted hace un tiempo atrás pidió a Jesús que entre en su vida ¿cómo se ha sentido desde ese día hasta hoy? ¿Le gustaría saber más de Jesús como Ud. puede orar a Dios y aprender de su Palabra? Se concreta una cita, se realiza un pequeño estudio sobre las bases del evangelio, la oración, la Palabra, la seguridad de la Salvación. En el tercer encuentro se invita a la persona, según el sexo y la edad y la cercanía a una reunión de hogar, hasta llegar a la Iglesia, bautizarse y servir.

48. **Entregar una tarjeta con todas las actividades de la iglesia**. Sea una visita o un invitado. Cada amigo nuestro que vive cerca del templo, debe tener unos folletos con el programa y las actividades de la Iglesia, incluyendo un directorio con teléfonos de los líderes de la congregación. Tiene que entregar al menos veinticinco tarjetas en su comunidad y renovarlas con cada mínimo cambio que se realice, eso le dará la oportunidad para invitarlo una vez más al templo.

49. **Escuelas bíblicas de extensión**. Reunir niños, jóvenes o adultos en lugares donde no hay iglesias para enseñarles la palabra de Dios. Eso trae almas a sus pies. Generalmente se piden las

instalaciones de las escuelas, un grupo de hermanos, dirigen los juegos, canciones, historias bíblicas, invitación a Jesús a vivir en su corazón, copa de leche y visitas a los padres luego. Hay un grupo encargado de presentar el plan de salvación a los padres que acompañan a sus hijos.

50. **Escuelas bíblicas de verano.** Se realiza un programa de una semana durante el verano para atraer los niños y jóvenes del sector. Se ofrecen clases bíblicas, actividades recreativas, comida y mucha diversión. Las clases se dividen en grupos basados en la edad y se trabaja con niños desde los 2 años hasta los 15. Los padres de la comunidad encuentran mucho apoyo en una actividad como esta. Y nosotros estaremos marcando estos niños para Dios.

51. **Escuela de padres y madres.** El objetivo es crear un espacio para reflexionar sobre las dificultades que implica ser padres de un hijo con discapacidad visual.

Los objetivos son:

a) *Prevenir desajustes en las familias*

b) *Trabajar el proceso de aceptación y afrontamiento de la discapacidad visual.*

c) *Potenciar el apoyo entre las familias.*

d) *Crear un espacio común de comunicación con los profesionales.*

e)   Potenciar el contacto entre los alumnos por medio de actividades de recreación.

52. **Estación de flores.** En algunos días especiales que tienen que ver con la mujer la iglesia y su departamento de jóvenes o caballeros puede regalar flores a las mujeres de la comunidad de parte de la iglesia y de Cristo. A cada flor podemos ponerle una tarjeta de la iglesia y un brochure con información.

53. **Estaciones de música con evangelismo.** Consiste en colocar un buen equipo de música en lugares estratégicos para que todos escuchen el mensaje de salvación a través de la música. Es bueno si tiene un micrófono y se pasare información a los pasantes, de vez en cuando dar un mensaje en una frase, como: "Dios te ama". No es una campana ni un servicio. La música debe ser se alabanza y las personas que hablen deben hacerlo en menos de un minuto. Pues la gente sigue pasando y lo que tienes para decirles debe estar en ese lapso de tiempo.

54. **Etiquetas para el carro.** Con ellas, podemos identificar a la Iglesia, el trabajo que se está realizando, las actividades, y el lugar de las mismas. Todos los vehículos del sector y de la Iglesia estarán en crecimiento. Puedes imprimir la bandera, el texto, la misión o la visión de la iglesia y eso paseara por todas partes aumentando visibilidad al templo y a la iglesia.

55. **Etiquetas para la casa.** Deje que todos sepan que esta lavado por la sangre del Cordero. Coloque a una etiqueta que predique en tu puerta e o en algún lugar visible de tu hogar, eso predica y mucho.

56. **FACEBOOK y o Redes Sociales.** Facebook, Twitter, WhatsApp, entre otras es una gran oportunidad de hablar con muchas personas a la vez donde se les puede mostrar el plan de salvación , por esta razón la motivación principal por la cual nos convertimos en usuarios de estas redes es para cumplir con la gran Misión que tenemos como Cristianos

> *Y les dijo: Id por todo el mundo*
> *Y predicad el evangelio a toda criatura.*
> *Marcos 16:15:*

En este sentido es muy ventajoso ya que podemos llegar al corazón de muchos;

   a. *Servicios en vivo*

   b. *Grupos y paginas para "gustar"*

   c. *Fotos de actividades*

   d. *Posts diarios o semanales sobre temas espirituales o de actualidad*

57. **Gorras.** Haz que todos conozcan tu equipo, tu labor, tu identidad. Podemos usar los logos de la congregación y/o nuestro versículo clave o slogan de trabajo. Ver etiquetas para el carro.

58. **Grupos de padres y madres.** Se trata de reunir pequeños grupos de padres, buscando la mayor similitud posible (edad del hijo,

Father + Daughter Night   Mother + Son

patología visual, repercusiones funcionales o discapacidades asociadas), para el intercambio de experiencias entre las familias y los profesionales, además de dar cabida a las orientaciones pertinentes en cada caso[i.]

59.

'No preguntemos si estamos plenamente de acuerdo, sino tan sólo si marchamos por el mismo camino. "
Johann Wolfgang Goethe (1749-1832) Poeta y dramaturgo alemán.

Al comenzar un grupo de padres para cualquier causa en la escuela, te da una posición de liderazgo, ordenarte a una de esas actividades, ya sea para la recolección de fondos, decoración, para la investigación educativa, para determinar si el domingo esta adecuado o no.

La formación de grupos de padres nos permite enfrentar situaciones y problemáticas. Comienza un grupo y conviértete en delegado para la unificación de los padres y este va a permitir contacto y más control sobre el ambiente de tus hijos[3.]

Si invitas padres a ver una película, a tratar un aspecto sobre socio crecimiento de los hijos te convertirás en un líder mientras tus hijos logran acceso a niños cuyos padres conoces. Esa es una forma de evangelizar profunda y detallada

---

3 24 Estrategias para ayudar tus Hijos. Dr. Natanael Valenzuela

60. **Grupos de visitas a los descarriados.** ¿Qué se fue algún hermano? No si usted se asocia con un grupo que dará seguimiento a todos aquellos que abandonan el redil. Recuerdo que sabemos hacerlos regresar. Es necesario que pienses en lo que pasa una persona mientras esta descarriado.

Lucas 15:11-32 Reina-Valera 1960 (RVR1960)

Parábola del hijo pródigo

11 También dijo: Un hombre tenía dos hijos;

12 y el menor de ellos dijo a su padre: Padre, dame la parte de los bienes que me corresponde; y les repartió los bienes.

13 No muchos días después, juntándolo todo el hijo menor, se fue lejos a una provincia apartada; y allí desperdició sus bienes viviendo perdidamente.

14 Y cuando todo lo hubo malgastado, vino una gran hambre en aquella provincia, y comenzó a faltarle.

15 Y fue y se arrimó a uno de los ciudadanos de aquella tierra, el cual le envió a su hacienda para que apacentase cerdos.

16 Y deseaba llenar su vientre de las algarrobas que comían los cerdos, pero nadie le daba.

17 Y volviendo en sí, dijo! Cuántos jornaleros en casa de mi padre tienen abundancia de pan, y yo aquí perezco de hambre!

En este momento podemos apreciar algunos aspectos sobre el hijo prodigo que nos interesa analizar.

    a. El descarriado tiene hambre espiritual

    b. NO tiene el valor para acercarse a la iglesia

    c. El enemigo le mantiene atado

    d. Necesita de ti

    e. Debe ser invitado a cada actividad de la iglesia y

    f. NUNCA le vas a borrar del listado de la iglesia porque no importa donde este: es tu hermano.

61. **Guagua anunciadora.** Éstas preparan a toda la comunidad para un evento que viene en grande. Puede ser para una película, una campaña o un operativo. Voz clara, mensaje corto y poder en los parlantes.

62. **Hacer cadenas de llamadas.** Tenemos un listado de teléfonos con todos los miembros de nuestra Iglesia. Pues cada vez que suceda algo que merece de la oración debemos llamarnos en cadena y hacerle saber al prójimo que estamos orando por él. No cedamos ante las ocupaciones. Oremos en todo tiempo y libraremos las almas de la perdición. En especial para hacer oraciones familiares por un accidentado o un enfermo. Está comprobado que cualquier no creyente acepta la oración y

cualquier familiar se integra a una oración por alguien en necesidad. Aproveche la ocasión para orar por su familia. Ellos necesitan ser salvos también.

63. **Hacerse presente en los momentos difíciles de la comunidad.** Cada día suceden desgracias en las comunidades, gente que muere, gente que se accidenta, pierden a alguien, se les quema la casa, y muchas cosas más. La Iglesia debe estar ahí para ayudar de inmediato.

Entendamos que debemos llegar primero que los bomberos, el carro fúnebre o la ambulancia. Debemos formar un equipo de auxilio que registre los hechos e informe a la Iglesia si es necesario cualquier tipo de acción, ayuda económica, de oración, de accesoria legal, de comprensión, de un vehículo, o de un servicio. En fin, el equipo está encargado de ser la defensa civil o la cruz roja de esta comunidad. Esa es una de las ventajas de tener capellanes en la iglesia.

64. **Haciendo grupos para vacacionar juntos.** Con esta actividad, los amigos se sentirán parte de la iglesia y participaran gozosos de un tiempo diferente al que comparten con sus iguales. El líder u organizador de la actividad deberá asegurarse de llevar en el grupo una cantidad de evangelizadores suficientes para predicar con el ejemplo y compartir las bendiciones del Señor con los no creyentes. Las actividades a realizar deben cubrir testimonios,

fogatas, dinámicas y sobre todo mucha alabanza a Dios de manera que se pueda ayudar a todos a una comunión íntima con el Señor. Le propongo que haga esta actividad una vez por año.

65. **La hora familiar.** En esa reunión familiar nosotros hablamos sobre los compromisos que hemos tenido durante la semana, los problemas que hemos enfrentado, las bendiciones que hemos recibido. En esa reunión, no solo hablamos de lo que nos ha pasado, sino que hablamos tanto del pasado del presente y del futuro. Es en esos momentos cuando discutimos las cosas por las que está pasando la familia, o en la escuela.

Los retos que tuvieron los niños en la escuela, los retos que tuvimos como familia, y los retos que tuvo cada uno individualmente. Lloramos, reímos, discutimos, nos gozamos, analizamos y oramos al Señor para que nos de la fortaleza de una semana más con relación a lo que significa nuestra semana como familia.

La hora familiar es una parte especial y crucial para nuestra familia. Preparamos todo para estar listos para nuestro encuentro como familia, a veces tenemos comida, a veces algunos refrigerios, no siempre lo hacemos en casa. A veces lo hacemos en un hotel o en algún motel de cualquier ciudad de cualquier lugar donde estemos, otras veces nos vamos a una pizzería o a un restaurante. La gente muchas veces nos ve y se preguntan, ¿Que hace esta familia ahí reunida? Parece como si estuvieran en una reunión de negocios. Otras veces nos sentamos en el lobby de un hotel o en una mesa aislada en un restaurante y ahí estamos discutiendo negocios familiares. En necesario comenzar Tú puedes hacerlo en la sala de tu casa. Lo importante es que lo hagas. Es una forma de predicar y donde quiera que vamos le decimos a todo el mundo lo importante que es tener una reunión familiar una vez por semana.

Te invito a hacer lo mismo comienza desde hoy, dale palmadas a tu familia y diles que esta nos vamos a reunir el viernes a las ocho de la noche, ese día no hay actividades para nadie. Ese día no te vas a comprometer con nada ni con nadie porque ese día pertenece a tu familia. Planifica, reúnete; la oración es lo primero, tomados de la mano, hablar los unos con los otros, poner una agenda abierta, poner las reglas, cada uno tendrá su turno para hablar y exponer su tema, y los demás deben esperar hasta que llegue su turno para hablar.

Se puede hacer un círculo. En la reunión familiar nosotros entendemos que mi manera de pensar no tiene nada que ver con la tuya y cada uno puede expresar sus sentimientos y los demás respetarán lo que tú expreses. Nos reímos juntos y lloramos juntos, pero no nos reímos del otro ni mucho menos lo hacemos llorar[4].

66. **Integración a las juntas de vecinos y cooperadoras escolares.** Participar en estas asociaciones nos permite entrar en estos terrenos para proveer un equilibrio espiritual a estas cosas que muchas veces se convierten en excusas para carnavales y desenfrenos. No olvido que en una ciudad donde viví por mucho tiempo las fiestas patronales hacían desfiles carnavalescos por el frente de la iglesia hasta que un pastor de República Dominicana; se hizo miembro de la directiva de la asociación y a partir de ese año cambiaron la ruta de la caminata y se mejoró la calidad del evento en todo el sentido.

67. **Intercambio de tarjetas de amistad.** La amistad es un factor decisivo en la construcción de relaciones. Todos necesitamos amigos y los inconversos no están exentos de esa necesidad. Una vez por año, debemos incluir a los familiares de todos nuestros hermanos en una actividad de intercambio para que participen en el servicio de la amistad. En esta, debemos presentar a El Amigo de las almas a todos los presentes y motivarlos para que entregue no una tarjeta a ese gran amigo sino más bien su ser. Esta activad

---

4 Retiro Familiar. Dr. Natanael Valenzuela

debe hacerse una vez por año. Debe estar llena de luces y si es posible es mejor hacerla afuera del templo.

68. **Intercambios navideños.** Que los miembros de la Iglesia intercambien regalos en Navidad no es extraño pero en esta Navidad haremos un listado de todos los amigos en nuestra base de datos y trataremos de involucrarlos en esto. No olvide los descarriados. En ese intercambio el mensaje de Dios producirá resultados sorprendentes. Hágalo en Navidad o en febrero.

69. **Invitando al culto de su hogar.** Es de entenderse que su casa es una mini iglesia, ¿verdad? Pues invite su amigo o vecino a compartir con usted las bendiciones de Dios esa noche, si está tímido, pídale a un miembro de su grupo que le ayude y respalda Ud. otro día.

70. **Invitar un amigo a pasar la noche en su casa**. El amigo puede darse cuenta de la unión familiar que hay en su hogar. Puede ser antes de un gran examen, antes de una salida temprano al otro día o para trabajar en un proyecto de su lugar de trabajo. Es importante tener un servicio en la noche o un matutino donde él pueda decir en qué ha sido Dios bueno para él. Haga esta actividad todas las veces que se pueda, pero siempre consúltelo con sus familiares y evalué las ventajas y desventajas de esta situación.

71. **La Biblia.** La Biblia como libro base de nuestra vida cristiana es el estrategia principal para evangelizar. Se hace necesario que la conozcamos profundamente. Los cristianos que no conocen la biblia no pueden evangelizar. Como evangelizador tienes que conocer por lo menos las reglas básicas y los principios básicos del evangelio antes de salir a la calle. Necesitas conocer los pasos de la salvación y tener las respuestas a preguntas generales que un inconverso puede tener con relación a la vida cristiana. La iglesia debe proveer entrenamiento a sus miembros sobre la biblia en aspectos de evangelismo. Yo recomiendo una reunión mensual que discuta la biblia y el evangelismo. En esta reunión la iglesia establece patrones y provee estrategias para que los miembros trabajen sus deficiencias.

72. **La confirmación del llamado.** Cuando sabemos que Dios nos ha elegido para servir podremos hacer aquellas cosas que nos hacen llamar creyentes interesados en los no creyentes. Fíjate que la parábola de los talentos en el libro de Mateo trata de una persona que no puso interés en trabajar y multiplicar el talento que su Señor le había dado. Cuando los cristianos no están interesados en la obra de Dios los inconversos pueden llover en el templo, comunidad y nación y para ellos va a ser insípido e innecesario. No se van a mover a hacer la voluntad de Jesús simplemente porque entienden que no hay ningún llamado para cumplir la comisión de Cristo.

73. **La doctrina o discipulado.** Nuestros puntos de vista y la forma de enseñarlos, pueden ser un atractivo para la gente que evangelizamos. Si mantenemos una doctrina Cristo céntrica, que la gente pueda relacionarla con un evangelio sano e inteligente nuestras creencias y doctrinas han de ser aceptadas por la comunidad. Es conveniente mantener en una página que se distribuya con frecuencia las creencias básicas de nuestra congregación. Un brochure simple o marcadores de biblia pueden ayudar a cumplir ese propósito.

    a.   Creemos en un Dios todo poderoso
    b.   Creemos en la Biblia
    c.   Creemos en la Salvación
    d.   Creemos en la Congregacionalidad
    e.   Creemos en la expansión del Reino
    f.   etc.

74. **La Escuela bíblica**. Es aquí donde se conoce el pensamiento de la Iglesia, su doctrina y donde se analizan los puntos de vista de la congregación con relación a las cosas de Dios y de la tierra. Invite a sus amigos a la escuela dominical, y si es posible inicie una escuela dominical solo para inconversos. De lo contrario sepa cómo integrarlos a uno de los equipos. Asegúrese de que ellos tienen una Biblia y cuaderno de notas y sobre todo que sus inquietudes son satisfechas con altura.

75. **La forma de contestar el teléfono.** Olvide las maquinas. Las iglesias son centros de emergencia. Una persona debe tomar la llamada, habrá gente que llamará a la Iglesia antes de llamar al hospital, usted debe estar disponible y contestar el teléfono con un saludo firme y cálido. Anime a que todos sepan que pueden llamar no importa la hora ni el lugar, que usted es como Cristo, y que está dispuesto a servir incondicionalmente. Estimule a que su comunidad sienta que es así, de lo contrario estamos a tiempo para revertir esta situación.

En estados unidos es fácil tener un número 1-800 y cuesta menos de 15 dólares por mes. La ventaja de este sistema es que puedes tener un número 1800-tu-iglesia y puedes desviar tus llamadas a cada líder dependiendo de la necesidad. Estos sistemas de dan la opción de marcar extensiones. Deja al Pastor de última opción.

   a) *Para oración urgente marque el 3*

   b) *Para El líder de Caballeros marque 1*

   c) *Para la directora de damas marque 2*

   d) *Estas extensiones pueden ser desviadas a los celulares de las personas que necesitan la llamada. Te ahorras tiempo y eres la iglesia de la vanguardia. Yo utilizo www.freedomvoice.com y funciona de maravilla.*

76. **La música.** La música en la congregación es una parte esencial para la conquista de almas en el siglo 21. Muchas veces no tenemos o no contamos con equipos musicales o recursos

humanos adecuados para responsabilizarse de la ejecución musical en nuestra congregación.

Esta estrategia en buenas manos logra desastres en el bando contrario. Es mejor un CD bien tocado o una música digital que equipos de sonidos sin tono ni armonía.

Le sugiero dos opciones:

1. Utilice equipos de multimedia, para el fondo musical para acompañar los servicios o bien,

2. Compre equipos de medio uso o nuevos. A partir de esto, el que toque estos instrumentos debe saber lo que está haciendo.

Deberá trabajar duramente, para formar un grupo de adoración y alabanzas si no lo tiene; y si lo tiene, luchar para que ellos siempre estén capacitados de que las canciones sean un atractivo para los que escuchan. Un buen grupo hará que los amigos entren a escuchar las alabanzas y luego... ya están ahí. Atáqueles!

77. **La oración.** No existe suficiente explicación para hacer a la gente comprender cuán importante es orar. La oración nos brinda la fortaleza y la motivación necesaria para avanzar en nuestro avance misionero. La oración debe ser un pan diario en nuestra congregación. Los miembros de los equipos de la iglesia deben ser oradores de nivel avanzado, personas que conozcan a Dios y sepan cómo moverlo. Cuando este tipo de personas habla con

los no creyentes se siente el fuego de Dios a través de ellos. La vida de oración y la comunión con Dios definitivamente hacen la diferencia entre una congregación del montón y un centro de renovación y ayuda espiritual donde Dios actúa y se mueve en medio de ellos.

"¿Hay alguien entre ustedes, que esté afligido? Que ore a Dios. ¿Alguno de ustedes está de buen humor? Que cante alabanzas. ¿Hay entre ustedes algún enfermo? Que se llame a los ancianos de la iglesia, para que oren por él y lo unjan con aceite en el nombre del Señor. La oración de fe sanará al enfermo, y el Señor lo levantará de su lecho. Si acaso ha pecado, sus pecados le serán perdonados. Confiesen sus pecados unos a otros, y oren unos por otros, para que sean sanados. La oración del justo es muy poderosa y efectiva."- Santiago 5:13-16 (RVC)

"Pidan, y Dios les dará; busquen, y encontrarán; llamen a la puerta, y se les abrirá. Porque el que pide, recibe; y el que busca, encuentra; y al que llama a la puerta, se le abre. ¿Acaso alguno de ustedes sería capaz de darle a su hijo una piedra cuando le pide pan? ¿O de darle una culebra cuando le pide un pescado? Pues si ustedes, que son malos, saben dar cosas buenas a sus hijos, ¡cuánto más su Padre que está en el cielo dará cosas buenas a quienes se las pidan!"- Mateo 7:7-11 (DHH)

78. **La presencia de señales**. Lo que tu Iglesia tenga que ofrecer a la comunidad es importante. Pero lo más importante que puede atraer personas a tu congregación son las señales que el Espíritu Santo está presente en ese lugar. *NO son los programas, los esfuerzos, las invitaciones, los conciertos, las fiestas, comederas, etc.* Todas estas estrategias son buenas pero si la gente llega y el poder de Dios no se siente; se van a ir como si fueron al cine o a una feria. Sonrientes pero sin compromiso.

79. **La Reputación.** Es crucial que todos identifiquen nuestra iglesia como una iglesia seria, en la cual cualquier padre se conforta porque sus niños o jóvenes se integran. Es necesario mantener los estándares neo testamentarios sobre esto. Cuando una iglesia se identifica con la comunidad de una manera positiva hace la diferencia. "La iglesia de La familia" es una declaración que va definitivamente de la mano con nuestra misión y con nuestra

visión. Nuestros miembros deben ser persona de alta moral y de esos que se hacen presente en la comunidad. Aquellos que la gente conoce y que son parte de la vida pública de la ciudad que representamos.

80. **Las invitaciones a actividades**. Así como nuestro nombre es dulce para nuestros oídos, si también es para un amigo leerlo en una invitación delicada para una de las actividades de la Iglesia. Hagamos invitaciones con altura. Que puedan ser leída por todos y que incluyan siempre una cita de esperanza para el que necesita a Cristo. Tratemos de dirigir las invitaciones a toda la población que es la meta de la invitación. Clasifica las invitaciones por género y marco de edad. Puedes buscar fotos en el Facebook o en toda la Internet que tocan temas y versículos bíblicos para cada ocasión que necesitas.

81. **Las referencias.** Use las referencias como estrategia. Las observaciones de su Iglesia serán beneficiosas si hay algo de diferente y que es bueno a su favor. Pregúntese cuales son las diferencias de su Iglesia y por qué cualquiera quisiera ir y participar de un servicio con ustedes. Es importante detenernos en esta estrategia y reconocer que por nuestros frutos seremos conocidos. Haga un vistazo de las cualidades buenas que son motivo para visitar su Iglesia.

82. **Las relaciones con grupos de la comunidad.** Es necesario ubicar miembros de la Iglesia en todos los grupos de trabajo de la comunidad. Sean estos la cruz roja, la defensa civil, la junta de padres de la escuela, la directiva de la asociación comercial, o cualquier otra... Nuestro amor por los vecinos es un don de Dios. Algo que surge como una respuesta a luz favores inmerecidos hacia nosotros (Mcphee, A. 1978)

83. **Lectores QR**. Son lectores que se hacen en internet y usted puede poner en todas partes. Son códigos que se deben poner en toda la literatura y puedes ponerlas en todas partes. Estos códigos son links que ayudan a ver el sitio de la iglesia en internet. Estos códigos se hacen gratis en http://www.qr-code-generator.com/

84. **Libros Gratis.** Cuando regalamos libros y folletos a la comunidad. Podemos tener una seguridad que aquellos que les gusta leer pueden desarrollar lazos con la congregación. Podemos escribir sobre temas de interés a la comunidad e igual podemos bajar del internet mensajes, temas, estudios y asuntos relacionados con nuestra congregación. Si te es posible elige un comité de publicaciones que se mantenga al tanto con las necesidades de la comunidad.

85. **Limpiando un área**. Esta es la oportunidad de lanzar una campaña juvenil. Limpie toda el área de la campaña, de la kermés o del bazar y esto dará curiosidad, pues todos se preguntaran por

qué la Iglesia está limpiando y usted aprovechará para invitarles a la actividad que se está preparando.

86. **Lista de correo**. Usted necesita tener un listado claro y preciso de todo aquel con el cual la Iglesia está envuelta. Una base sencilla de datos en Excel puede ayudarle. Los elementos de esta base de datos son el nombre, la edad aproximada, dirección, teléfonos, trabajo, fax, correo electrónico si tiene, una breve descripción de la personalidad de este, sexo, intereses, tiempo visitándonos, características familiares, enlace con la iglesia. Y cualquier otra información pertinente. Esta base de datos es necesaria para coordinar los esfuerzos de cada red, ya sea juvenil, de damas o cualquiera de las demás.

87. **Los afiches.** Que todas sus actividades se conozcan en grande. Esto permite presencia de la iglesia. Todos los amigos verán que algo está programado para ellos. Son prácticos, baratos y específicos. Deje que todos sepan que usted está haciendo algo y que ellos están invitados.

88. **Los bautismos.** Es bueno aprovechar el momento de los bautismos para realizarlos en un lugar donde podamos trabajar con los pasantes y contestar preguntas sobre la salvación. Esto es importante para que el testimonio de los hermanos llegue al corazón de la gente. Inviten los familiares y los amigos a los bautismos de la iglesia.

89. **Los días de operación.** Los días de operación son cruciales, cuales son los mejores días para los amigos visitar el templo, encueste y averigüe que días debe tener el servicio de alabanzas y que día el servicio de oración, coincida los días con los días que son más fáciles para los amigos.

90. **Los horarios de servicios.** Tenga horarios cómodos para la gente que trabaja, en ese momento hábleles del Plan de Dios para sus vidas. No se lleve de tradiciones, un servicio dominical puede ser efectivo a las 11 A.m. o a las 4 P.m. tal vez a las 8 P.m., pero encueste y elija el método. Muchas iglesias tienen el mismo servicio por 100 años y sigue vacío.

91. **Maratones.** Si un día usted elige hacer una caminata o grupo de personas caminando por la ciudad, todos con camisa, un evento deportivo en la semana de aniversario de la iglesia. Va a darse cuenta que su visibilidad aumenta y que toda la comunidad va a saber de usted.

92. **Mentores**. Cada persona que visite la congregación debe tener un mentor o "hermano mayor" que a partir de la visita pueda contactarle. Este mentor debe ser:

   a.   *Del mismo genero*
   b.   *Idioma*

c.   *Edad aproximada*

d.   *Lleno del Espíritu*

e.   *Conocedor de la palabra*

f.   *Dispuesto a ayudar a la persona a tener un encuentro con Jesús.*

Cuando una persona llega a la Iglesia debemos asignárselo a un creyente que tratará de hacer de hermano mayor para él. Con una característica diferente, este hermano va a tomar a la familia entera de esta persona para traerla a Cristo. No trabaje con individuos solamente, trabaje con la familia entera. Tómese de la promesa.

93. **Operativos médicos.** El estado, las fuerzas armadas y otras entidades disponen de doctores y ayudantes para respaldar operativos de salud. Los laboratorios médicos apoyan estas causas entonces nada impide que la Iglesia realice operativos para ayudar comunidades que necesitan este tipo de ayuda. Haga un operativo al año y no olvide que junto al medicamento va el tratado o la Biblia. Mientras pastoreaba una congregación pude ver que no es difícil. Las fuerzas armadas de Rep. Dom. Me prestaron por un día más de 40 médicos que atendieron a todo un pueblo. El proceso fue más o menos como sigue;

a)   *Nos reunimos con la comunidad para determinar la necesidad*

b)   *Nos comunicamos con el hospital militar*

c)   *Confirmamos fechas*

d)   *Determinamos recursos a necesitar*

e) *Visitamos más de 20 laboratorios médicos solicitando algunas medicinas genéricas para virus, higiene, materiales gastables etc.*

f) *Planificamos junto a la comunidad las posiciones, organización y estrategias de control.*

g) *Al llegar el día teníamos un listado de personas que necesitaban asistencia y todos los médicos estaban listos.*

h) *Ayudamos la gente a conseguir las recetas que no podían comprar visitando los laboratorios una vez más.*

i) *Evaluamos con la comunidad y "ya la comunidad era parte de la iglesia".-*

94. **Página de internet de la congregación**. La página de internet de la congregación debe proveer información sobre los ministerios, las actividades, sermones, instrucciones, principios, misión, visión y cualquier otro detalle necesario. Trate de buscar un nombre como iglesiaboston.com si usted vive en Boston. Aunque su iglesia se llame "Congregación Renacer del Espíritu Santo y La Sangre del Cordero". Esto lo recomiendo porque las personas que buscan una iglesia en la comunidad van a buscar con las palabras "iglesia" y "pueblo". De esta manera su congregación va a salir de primero y arriba. Usted puede manejar los dominios de ese momento en adelante. Pero no busque nombres extraños para su página de internet. Si usted se busca a www.natanaelvalenzuela.com va a darse cuenta que tenemos todas las actividades con las que trabajamos. En ella usted puede logar informaciones necesarias.

Su página debe verse clara y proveer la menor información posible en la página de inicio. Una página con la visión, misión, logo, dirección y teléfono es suficiente y que a partir de esta puedan acceder a las páginas de los ministerios. Use links para alcanzar otras funciones. Tener una página de internet puede ser gratis si usted busca ayuda en "google". No se quede sin página de internet. En ella tenga acceso al Facebook, YouTube, twitter, LinkedIn, y sobre todo provea información sobre el pueblo y la zona donde está la iglesia. Incluya un mapa si le es posible.

95. **Patrocinio de eventos.** La Iglesia debe envolverse en los eventos que realice la comunidad de manera de que estemos presentes en todo lo que no daña la imagen de la congregación. Podemos patrocinar el juego con pintar nuestro nombre en la pared, con camisetas para los equipos, regalando gorras a los participantes y de muchas maneras más. Patrocine aun sea un evento al año.

96. **Peajes informativos.** Es una forma de captar la atención de los conductores con el fin de que se enteren de que Iglesia estará orando por ellos. Y hacerlo. Vi en estos días una iglesia que puso una estación de oración y la gente iba a buscar oración como si fuera un restaurante de comida rápida. Es increíble como esto ayudo la iglesia a decir presente en la comunidad. La gente venía a pedir oración, se quedaba en el carro y luego muchos de ellos se unieron a la iglesia.

97. **Películas**. "Jesús" entre otras, son muy buenas, asegúrese de que usted conoce el contenido antes de mostrarla y que sabe qué mensaje de cinco minutos va a dar después de la misma. Existen muchas páginas de internet donde usted puede buscar películas gratis o a bajo costo si fuera necesario. En nuestra congregación tratamos de tener un presupuesto para tal fin. Las películas se pueden dividir por temas: Familiares, para parejas, hombres, mujeres, niños, adolescentes, descarriados, personas con problemas de adicción. Trate de que cada grupo pueda ver por lo menos dos películas al año.

Cuando me refiero a ver las películas quiero decir que vamos a analizarlas y ver como esto puede ayudarnos a ser mejores creyentes o mejores personas. Recuerde que porque una película diga "cristiana" eso no lo hace necesariamente aceptable. Algunas predican falsas doctrinas y algunas inclusive parecen escritas por el mismo demonio. Al buscar en "Netflix" o Hulu o hasta en YouTube, podrás ver que ofrecen una amplia gama de temas y películas cristianas que pueden ayudarte a llevar este ministerio. Se pueden hacer en los "Cafés".

98. **Periódicos (Ver boletín)**

99. **Pintando y cuidando** la calle. La calle de la Iglesia debe ser reconocida como la más bella del sector. La iglesia debe

mantenerla limpia y organizada, bien bonita para la gloria de Dios. Además todos sabrán donde está la Iglesia. Organicemos la limpieza de la calle dos veces por año. En navidad y verano aproveche que los jóvenes no están en la escuela. Si la calle es chica, extienda el servicio a otra calle, integre a los familiares y amigos de la Iglesia o más bien organice junto a la comunidad la limpieza de toda el área comunitaria.

100. **Programa de radio.** En estos programas daremos información sobre las actividades de la congregación y será como el canal de comunicación entre aquellos que no pueden ir al templo y nosotros, recomendamos un programas de media hora semanal para empezar, si en p.m. le sale costoso pruebe amplitud modulada que tiene más cobertura y menor precio. Esto si no es posible hacer una programación vía Internet.

101. **Programa de televisión**. Si usted dispone de los contactos necesarios obtenga un programa de televisión. Tenga unos programas para ayudar a las almas, no uno donde se hace un maratón pro ayuda permanentemente. Un programa de escape donde haya Salvación, unos programas con los mismos estandartes de la congregación y donde se sienta que Dios está presente.

102. **Programas de alfabetización**. En todos los países hay un lugar donde la gente casi no sabe leer o escribir, esa gente necesita de Cristo igual que usted, programe una actividad de alfabetización, no dude contactarnos para transmitirle nuestra experiencia. La iglesia puede tomar un día a la semana para ensenar la gente a leer y escribir. Esto es algo hermoso y que Dios ha de recompensar a quienes así lo hicieran.

103. **Programas de rehabilitación.** Si le es posible incluya en sus servicios programas de rehabilitación para atraer personas necesitadas. Entre los programas de rehabilitación más necesarios están:

 a. *Drogas*
 b. *Abuso*
 c. *Alcohol*
 d. *Dependencia*
 e. *Crimen*
 f. *Migración*

104. **Quermeses.** Ayude a su comunidad mientras se ayuda a usted mismo. Prepare comida para vender, integre a los miembros de su Iglesia para llevar platos y comuníquele a la comunidad que habrá platos a bajos precios y que no tendrían que cocinar un día o dos. Claro, es importante distinguir todos los miembros con distintivos y mensajes, coloque música de alabanza y esparza el Mensaje por todos los medios posibles ese día. Haga

esta actividad dos veces por año. Si necesita asesoría para lograr resultados sorprendentes, contáctenos y le enviaremos un material gratuito sobre cómo hacerlo de una forma efectiva.

105.   **Rallies de autos.** En estos rallies pueden participar todos los miembros jóvenes de la iglesia o puede ser familiar, claro, el propósito es integrar los no creyentes familiares y amigos en esta actividad. Consiste en tomar un día y hacer un recorrido con todos los vehículos de la iglesia en una rodada bastante interesante y protegida por la policía. Todos los autos con mensajes evangelísticas.

106.   **Recorrer los barrios con mensajes y tratados.** Se llama a esto invasión por las cuatro esquinas. Y tiene un tema principal. (Llámele como quiera, pero debe hacerle saber a la comunidad que hoy se está proclamando este lugar como tierra en posesión Santa y que Dios es el Señor de este lugar). Organicemos grupos que se encuentren desde el norte, sur, esto y oeste hasta un punto central donde algo debe suceder. Pues todas las casas y transeúntes tendrán una invitación o un tratado de la Palabra. Haga esta actividad dos veces al año y si es posible intégrela como una parte de otras actividades.

107.   **Recursos gratis.** Tengan siempre disponible los sermones, materiales, folletos y documentos para los no creyentes. Ofrézcales y regáleles lo que necesiten para llegar al Rey.

108.   **Regalando nuevos testamentos.** Es un conjunto de personas destinadas a regalar nuevos testamentos en lugares estratégicos, como por ejemplo el hospital, hogares de ancianos, madres solteras, acompañados de mucha oración.

109.   **Retiros.** Retírese, pero en grupo, para invitar amigos que acepten el reto. (Ver Ayuno). También podemos hacer retiros en la congregación que tengan propósitos específicos. Retiros de jóvenes, parejas, solteros, hombres etc. En estos retiros invitamos los amigos y a los miembros de la familia.

110.   **Reuniones de negocios**. Muchas veces no sabemos qué tipo de personas tenemos en la congregación. Hagamos una reunión donde todos los comerciantes y empleados de la Iglesia se presenten y ofrezcan sus servicios a todos. Invite a los familiares de los miembros para integrarlos, los demás haremos de ellos amigos y suplidores. Otras reuniones de negocios serán para dar seminarios de desarrollo empresarial.

111.   **Robot de llamadas y textos**. Existen en la actualidad muchos programas gratuitos y a bajo costo que nos ayudan a enviar mensajes de texto y de voz a grandes grupos de personas. Desde uno a miles. Busque en el internet algo como "Dial my Calls" y siga desde ahí aprendiendo como se hace. Puedes hacerlo

gratis y da un resultado fascinante. Usted toma todos los teléfonos de la comunidad que le han sido dados y prepara un mensaje que le va a llegar a todos al mismo tiempo. Es fácil y muy económico.

112.   **Sala de tareas.** Una estrategia de evangelismo que ayuda muchísimo es proveer sala de tarea para los niños de los vecinos. Al ayudar los hijos a hacer tareas, los jóvenes voluntarios de la iglesia pueden guiarles al evangelio de una manera confiable. Estas actividades también pueden servir para recolectar fondos del gobierno porque ellos ayudan las instituciones que hacen estas labores sociales.

113.   **Semana de Caballeros.** En este tipo de actividad hay muchos ámbitos que abordar. Los hombres son complejos se caracterizan basando su existencia en la superación y en la competencia. Si usted ofrece estos elementos en su actividad y no lo hace por más de cuatro noches logrará la atención de ellos. Recuerde que los hombres son inclinados al poder y a la supremacía, aman sentirse importantes y queridos. Jesús, puede ser el punto de diferencia entre un orgulloso y una persona humilde como el caso de Simón Pedro y Pedro Apóstol.

Toque temas de desarrollo y superación, temas de estrategias y de control, así los hará llegar a los pies de Cristo. Use el correo, el teléfono, Internet, los brochures y todo para lograr que vengan, realice actividades previas a ésta semana de caballeros. No se duerma, los caballeros son escurridizos pero usted tiene el poder de Dios.

114. **Semana de Damas.** Esta semana tiene un enfoque diferente, las mujeres no van a la Iglesia solo a divertirse, ellas van para resolver situaciones que le satisfaga como mujeres en su entorno. En esta semana el propósito es hacer mejores mujeres de las que hay, debes ofrecerles charlas y seminarios para superarse y salir de esas corazas como mujeres frustradas y olvidadas, la mujer busca revaloración, un asunto que Cristo sabe bien cómo dar. Permanezca a su lado y prepare un programa que las haga salir de sus hogares a buscar algo mejor. Recuerde que cuando trae una dama trae a sus niños consigo, así que preparare un programa paralelo para niños y éste ayudara mucho a que las damas se sientan libres para actuar.

115. **Semana de jóvenes.** Si Ud. organiza una semana de jóvenes en su Iglesia debe asegurarse de que todo el contenido sea preparado para jóvenes. Una semana juvenil tiene elementos que atraen a la juventud. Todo, desde la calle hasta el altar debe estar dispuesto para conquistar jóvenes para Cristo. Planifíquela con tiempo suficiente de hasta seis meses, y plantee sus mestas. Los

jóvenes están interesados en algo que los saque de la rutina. Si usted les ofrece algo así, tendrá jóvenes entregados a Cristo.

116. **Semana de la escuela Dominical.** Una semana de enseñanza donde toda la familia es edificada en los caminos de Dios. Una semana donde los niños juegan, cantan y participan en actividades lúdicas, donde las parejas reciben seminarios de amor y comprensión, donde los novios recibirán orientación para el matrimonio, una semana de gozo y de carácter cristiano que no se olvida. En esta semana la Iglesia realiza lo mejor con el propósito de que la comunidad se sienta apoyada por su madre la Iglesia.

117. **Semana de los Amigos.** ¡Qué buena semana para elegir tantos amigos como sea necesario para celebrar un servicio! Ningún creyente puede entrar al templo si no trae consigo un inconverso de la mano. Es un reto, cada hermano traerá uno o más personas. Cada día debe traer a otro amigo nuevo. El equipo de recepción se encargará del resto.

118. **Seminarios.** Siempre hay gente que desea saber de Dios, instrúyelos, son como niños, están deseosos de aprender más de Cristo. Nuestra iglesia debe ser un centro de enseñanza general. Todo aquello que deba ensenarse en la comunidad debemos patrocinarlo. Lo importante es que la iglesia es el centro de la comunidad donde la gente va a buscar salud espiritual y atención general. Como ejemplos podemos citar:

a)   *Finanzas*

b)   *Salud*

c)   *Temas Actuales*

d)   *Parejas y Matrimonios*

e)   *Educación para el hogar*

f)   *Etc.*

119.   **Señalización del templo.**   Desde la entrada de la comunidad debemos colocar señales para que todos puedan llegar al templo y se sepa que en esa comunidad esta su iglesia. Algunos indicativos le permitirán dar a conocer la ubicación del templo. Es importante que la comunidad sepa donde están ubicados y los horarios de servicios. Si le es posible coloque alguna tarja de bienvenida en las entradas del pueblo.

120.   **Señalizando el sector.** ¡Qué bueno si las calles de su sector no tienen letreros! Ahora podrá imprimir en vinil y poner los nombres de todas las calles con un indicativo que son la comunidad de la Iglesia. Todas las esquinas tendrán un mensaje que llegara a todos los que quieran saber en qué calle están. Esto se hace cada dos o tres años. Me imagino el impacto de esta estrategia cuando ves un letrero que dice "Calle 1ra" y debajo dice "La calle de la Iglesia Casa de Oración".

121.   **Servicio para embarazadas.** Este servicio es uno de los servicios multiplicadores más eficientes. Invitamos las embarazadas del sector a una conferencia relacionada con el parto o el cuidado post natal y en los últimos 20 minutos uno de los lideres trabaja con todas las embarazadas el tema del nuevo nacimiento. Las embarazadas pueden aceptar a Cristo y además de esto van a presentar los niños al Señor y cuando hagan eso, los padres y los amigos y familiares también van a atender y llegar al servicio de la iglesia. No olvides tomar nombres direcciones y teléfonos de todos aquellos envueltos en estas actividades.

122.   **Tarjeta de presentación del pastor y líderes.** Las tarjetas de presentación de los pastores y líderes deben tener los horarios de servicio y alguna otra información necesaria para atraer e informar los no creyentes. Las tarjetas deben tener teléfonos funcionales. Preferiblemente un numero 800 con su extensión. Todas las tarjetas deben ser similares y con el mismo diseño y logo.

123.   **Tarjetas postales.** Enviar tarjetas postales a los amigos y familiares de la Iglesia es bueno porque les deja saber cuán importante son ellos para uno.

Envíe postales a los amigos que se han mudado, a los descarriados que no están más en la iglesia, también a los estamentos de la comunidad. En ocasiones como la navidad envíe postales a la policía, los bomberos, la salud, el comercio, y a todos los directivos envueltos en el desarrollo de la comunidad.

124. **Torneos deportivos.** Una buena oportunidad para envolver a los jóvenes. Organice un torneo barrial de básquet o Inter-barrial. Si se puede, consiga patrocinio, y celebre por todos lados. La sociedad juvenil o el pastor juvenil son responsables de esto. ¿Qué le parece un torneo al año?

125. **Trueques de miembros**. Esta herramienta es útil por varias razones:

a) *permite que usted preste por un mes algunos miembros a una Iglesia para enseñarle resultados de este manual.*

b) *Los hermanos prestados serian un grupo de atención en la Iglesia nueva que servirá de impulso a los que ya están. C) Haremos lo que hacía Pablo, enviar gente a ayudar... Esta estrategia ayuda una iglesia nueva a crecer. Lo hago general mente cuando necesitamos evangelizar la comunidad y ganamos tiempo y aprovechamos mejor los recursos.*

126. **Twitter.** Es una herramienta que los líderes de la iglesia deben utilizar para dejar saber a los demás lo que hacen y lo que piensas en términos del evangelismo. Es una forma fácil,

económica y rápida para anunciar eventos y avisar cambios en la programación. @Dr_valenzuela es mi cuenta de twitter. Este programa nos ayuda a alertar a personas que no tienen su número de teléfono y a miembros de la comunidad en general. Ponga mensajes interesantes y ayude a que los demás comprendan su trabajo en pro de la sociedad.

127.   **Una computadora.**   Este imprescindible aparato permite preparar bases de datos de fácil acceso, así como listas de correos, volantes, programas, tarjetas de presentación, copias de mensajes, agendas, presentaciones y mucho más que lo ayudara a organizar el trabajo de ganar almas. Una maquina por una Iglesia puede ser económica o no dependiendo de los recursos del ministerio.

128.   **Usando símbolos cristianos en la ropa.** Publicite de Cristo en su vida, coloquémonos mensajes de amor en la ropa, pins y botones que prediquen, señalizadores y demás. Todos a su alrededor puedan ver que Él vive, por ejemplo: "No sé qué si quieres perder peso, o ganar dinero, pero ¿quieres ser salvo?, pregúnteme cómo", o "¿Tienes una pregunta sobre el cielo? etc. Le sugiero que haga una campaña de botones o pins una vez al año.

129.   **Viajes.** Muévase por su patria, organice viajes a zonas lejanas y no falle, invite a los amigos, costeé sus gastos si es necesario, pero en ese paseo lleve el mensaje de Salvación y un buen grupo

de embajadores del Reino de Jesús dispuestos a llevar el mensaje hasta en las montañas. Lo importante es la visibilidad. La gente necesita ver el evangelio y la mejor manera de hacerlo es dándonos a conocer como creyentes.

130. **Vigilias.** Es una actividad que consiste en orar por un período de cuatro horas o más. Tiene propósitos impactantes como alabar y adorar o pedir a Dios. Hagamos dos o tres vigilias en el año por un despertar en la comunidad.

131. **Visita a hospitales.** Llevar el evangelio a los enfermos terminales y no terminales. Dar a ellos atenciones, servicios de ayuda, medicina y alimentos permitidos. Compartir el evangelio de Jesucristo será mucho más fácil si estamos con ellos en estos momentos de dificultad. Debemos programar un mínimo de cuatro visitas anuales al hospital de nuestra comunidad.

132. **Visita a mujeres solas.** Siempre hay un grupo de damas como usted que está dispuesta a mostrarles a esas mujeres que Dios las sigue amando. En todos los casos de visitas, en especial cuando no conocemos a las personas tienes que seguir un patrón único para cada caso pero general en el sentido de la cortesía. Ofrézcales apoyo, consejería, ayuda, soporte en situaciones en las que ellas necesitan de equipos como los que usted puede dirigir.

133.   **Visita a lugares donde hay niños discapacitados.** En estos lugares debemos dar amor, tanto a los niños como a los padres y por igual a los que trabajan en estos lugares.   Es importante que conozcamos las bases del mensaje de esperanza del Salvador y que tengamos las herramientas para trabajar corazones rotos por la desilusión.   Visitemos los lugares con niños de dificultad dos veces al año.

134.   **Visita a presos.** Ellos han perdido su libertad y el único que puede librarlos ahora es usted si les lleva al Libertador. Las visitas son los domingos en la tarde en la mayoría de los países.   Ubique la hora y valla. Use los patrones de las visitas regulares mencionados en otro tipo de visitas.

135.   **Visitando una familia con la suya.** Valla de visita donde un amigo, claro, lleve su comida y para ellos. Comparta con ellos la alegría de ser su amigo mientras le comparte lo bueno que es Cristo.

136.   **Visitar las escuelas.** Estas visitas serán Cristo céntricas. Llevaremos tratados, conciertos y películas así como la donación de libros y Biblias.   También los invitaremos a las actividades especiales del templo. Visitaremos las escuelas una vez al año.

137. **Visitar las señoras cuando dan a luz para ofrecerles la presentación del niño.** Encueste a una cantidad de mujeres en la comunidad que quieran presentar sus niños al Señor, aún las embarazadas, ésta es una oportunidad especial porque podríamos iniciar células de estudio en esos hogares. Ánimo, puede conseguir quince nuevas amigas y quizás más miembros para la iglesia.

138. **Visitar las universidades.** A estos jóvenes debe presentarles el Cristo de retos, aquel que hace frente a todas las circunstancias adversas. Actividades que muevan sus cimientos. Recuerde, no con calma, a los jóvenes de las universidades hay que atraparlos en su terreno.

La guerra es lo que ellos conocen, rételos a conocer a Cristo y deje que Él haga su parte, use conciertos, seminarios, células, grupos universitario. Cada tres jóvenes de la Iglesia son responsables de formar un grupo que se reúna para hablar de Dios en determinadas horas y ellos invitarán amigos y otros y otros y otros hasta formas equipos de nuevos creyentes.

139. **Visitar los cumpleaños de los amigos de la Iglesia.** Cada vez que un familiar o amigo de la Iglesia tenga una actividad festiva, acompañémoslo con el propósito de hacerles saber que nos importan y que pasaremos solo un rato pero que estamos pendientes.

No olvide su regalo, un libro para llegar a Dios, un disco cristiano, una agenda con citas bíblicas, un calendario con mensajes, una Biblia, una camiseta con mensaje o cualquier cosa que lo acerque a Cristo.

140. **Visitar los funerales.** La Iglesia deber estar presente en todos los funerales de la comunidad para testificar de Cristo y para ayudar a los dolientes. Todas las veces que sea posible aporten un ramo de flores.

141. **Visitar los liceos o escuelas públicas.** La juventud de los liceos está pasando por el momento de la indecisión y los problemas de la adolescencia. Es conveniente llevar a ellos mensajes de aliento, vocacionales, consultas laborales, orientación preuniversitaria y todo tipo de actividad tendiente a presentarles a Cristo. Los encargados de ésas actividades deberán preparar un programa especial para llamar la atención de estos jovencitos. Hagamos esta visita una vez al año.

142. **Visitar tus familiares llevando contigo algún líder.** A veces se torna difícil llevar el Evangelio a nuestros familiares directos, por razones de confianza ellos no nos escuchan. En estos casos es conveniente visitarlos con algún amigo que sea de nuestra confianza y que podrá hablar con ellos sobre el plan de Salvación. Hagamos este tipo de visitas a nuestros familiares unas cuatro veces por año. Pero aunque no les prediquemos con

las palabras hagámoslo con los hechos, realice otras visitas cordiales a sus familiares una vez al mes si viven en la misma ciudad y un mínimo de seis veces en su totalidad. Pues la familia es el primer ministerio que tenemos.

143. **Visitas personales.** Visitemos a los amigos hasta sin razón aparente, Con el sagrado propósito de saber cómo están, como va todo y de animarles a visitarnos.

144. **YOUTUBE.** La congregación debe tener un canal de YouTube que sea limpio y con excelencia. Solo asuntos serios y responsables deben ir al canal. Ensayos y juegos y asuntos no edificantes deben ser borrados del canal.

a. *Mensaje de bienvenida del pastor*

b. *Mensaje de cada líder*

c. *Información sobre programas*

d. *Dirección del templo y como llegar*

e. *Repaso de actividades oficiales interesantes*

f. *Mensajes breves de menos de 10 minutos*

g. *Muestras de canciones, o presentaciones de los grupos de adoración*

h. *Vista de las instalaciones.*

i. *Invitación a actividades.*

Trate de hacer una relación con todos los programas computacionales que use. De esta manera cuando pongas algo en

Facebook, saldrá por YouTube, Twitter y cualquier otro programa. Y pase lo que pase no habrá nada en este canal que no cumpla con los estándares de excelencia de una congregación que representa un Dios excelente.

145.   **WhatsApp.** Con esta moderna aplicación puedes expandir el reino de las siguientes maneras.

> *a) Grupos de líderes*
>
> *b) Broadcast para nuevos creyentes*
>
> *c) Broacast o grupos de difusión para los visitantes.*
>
> *d) Enviar un mensaje en difusión para todos los miembros y asistentes de la iglesia.*

TIPOS DE ACTIVIDADES

Se hace importante que nosotros hagamos un calendario de estas actividades con el propósito de desarrollarlas a su tiempo. Estas actividades podemos agruparlas en 5 grandes ramas.

a. *Actividades que puedo hacer personalmente*

b. *Actividades con mi familia.*

c. *Actividades con 1 o 2 personas más.*

d. *Actividades de un grupo homogéneo como una sociedad de damas.*

e. *Actividades generales para la iglesia completa.*

Ejercicio:

Clasifica las estrategias de acuerdo a las siguientes características.

Actividades que puedo realizar personalmente

Numero	Actividad

Actividades que puedo realizar en grupos pequeños (dos o tres personas)

Numero	Actividad

Actividades que puedo realizar con mi familia

Numero	Actividad

Actividades que puedo desarrollar con un grupo determinado de la congregación (jóvenes, damas, caballeros, etc.)

Numero	Actividad

Actividades que puedo desarrollar con un grupo determinado de la congregación (jóvenes, damas, caballeros, etc.)

Numero	Actividad

Actividades que puede desarrollar la congregación como equipo

Numero	Actividad

Sugerencias para el Plan de Evangelismo

Entre las sugerencias para su ejecución cabe mencionar que se hace conveniente realizar un calendario entre todos los hermanos de la iglesia de manera que una vez por mes todos puedan ponerse de acuerdo en lo que vamos a hacer todos y cada uno.

Calendario Modelo

Este calendario funciona de manera inversa. En otras palabras; debes iniciar de abajo hacia arriba. De esta forma no chocamos con el horario de la congregación.

Iglesia Casa de Refugio

"Noviembre 2018"

1.   **Lo que escribe la junta de la Iglesia o la dirección de Evangelismo**

Sábado 7- Retiro de Oración y Planificación Misionera (Iglesia)

Domingo 22- Evangelismo General (Iglesia)

Sábado 28 - Reunión general de evaluación de trabajo.

2.   **Lo que escriben las sociedades o grupos de la iglesia.**

Luego que la junta y la iglesia se ponen de acuerdo entonces cada junta de sociedad o grupo añade a la lista las actividades que ha de realizar como por ejemplo:

1.   Evangelismo local en grupos de tres.

2.   Entrega de cartas a la comunidad

3.   Servicio de Jóvenes.

4.   Jornada de ayuno y oración por las almas.

5.   Conferencias para madres solteras.

6.   Paseo de niños al zoológico.

7.   Reunión de hombres para tratar asuntos de economía familiar.

8.   Lo que usted escribe junto a su familia.

Ya entregado el formulario con estas actividades la familia planifica 2 actividades mensuales para realizar como familia. Entre estas están:

1.   Visitar otra familia.

2.   Invitar una familia de la comunidad.

3.   Un retiro familiar de oración

4.   Un curso de evangelismo donde participa toda la familia.

5.   La familia decide patrocinar económicamente la compra de equipos o recursos para evangelizar.

6.   Organizar una célula de estudio bíblico donde invita sus vecinos.

7. Lo que usted escribe personalmente en su calendario de este mes.

Una vez la familia a cuadrado con el programa de las sociedades cada persona de la iglesia deberá entonces colocar sus propias actividades en su calendario. Entre las actividades personales podemos citar entre otras:

1. Oración diario
2. Estudio bíblico personal sobre el evangelismo.
3. Elegir 25 personas metas para evangelizarlas.
   a) Informárselo.
   b) Llamarlas.
   c) Enviarles correspondencia de la iglesia.
   d) Invitarlas a los servicios.
   e) Preguntarle por sus necesidades de oración.
   f) Llevarles el buzón de oración de la iglesia.
   g) Asegurarse de presentarle los diferentes líderes de la iglesia a las personas de acuerdo a su edad y género.
4. Marcar mi Biblia con citas de evangelismo.
5. Evaluar tratados y otros documentos de evangelismo.
6. Practicar estrategias de alcance para no creyentes.

Calendario Modelo en gráfica

Por favor haga este ejercicio con la congregación

◀ May 2017			June 2017		July 2017 ▶	
Sun	Mon	Tue	Wed	Thu	Fri	Sat
				1	2	3
4	5	6	7	8	9	10
11	12	13	14	15	16	17
18	19	20	21	22	23	24
25	26	27	28	29	30	Notes:

Método "oiga" para planificar

OIGA

El método OIGA ha sido desarrollado por mí y lo he puesto en práctica en algunos aspectos de mi vida como ministro a la vez que lo he compartido con miles de personas.

Consiste de 4 elementos principales que funcionan como analizadores en una situación dada.

OBSERVE, INTERNALICE, GENERE, ACTUE

Para desarrollar este método sugiero realizar algunas reuniones con las personas interesadas en desarrollar cualquier aspecto de la iglesia así como aspectos en cualquier área de la vida.

OBSERVE

Colecte y examine la información de la iglesia;

1. ¿Cuántos somos?

2. ¿Cuáles procesos han fallado?

3. ¿Cómo está dirigido el proceso actual de alcance de nuevos miembros?

4. ¿Cómo hemos trabajado la retención?

5. ¿Qué porcentaje de nuevos miembros abandonan la iglesia?

6. ¿Cuántos desertores tenemos por mes?

Identifique y ponga sobre papel la información basada en hechos.

1. ¿Qué usted ve?

2. ¿Qué juicios directos pueden hacerse basado en información directa?

3. ¿Qué números arroja nuestra data?

INTERNALICE

Anime los participantes a hacer conexiones.

Provea ánimo para que las ideas fluyan apropiadamente.

Desarrolle un sistema abierto de preguntas sinceras.

1. ¿Qué nos sorprende?

2. ¿Qué puede motivarnos?

3. ¿Qué nos ha desanimado con estos números?

4. ¿Cómo se siente usted con esta data?

5. ¿Qué podemos hacer?

GENERE

Identifique patrones y determine los significados de las informaciones.

Preguntémonos que pasos impidieron que otros se cumplan.

1. ¿Qué dice la data?

2. ¿Hacia dónde nos dirigimos si esa data sigue cómo va?

3. ¿Qué cosas tenemos que celebrar?

4. ¿Qué procesos tenemos que eliminar?

5. ¿Qué más tenemos que saber?

6. ¿Qué áreas de nuestro trabajo viene mejorando y parece tener destino apropiado?

ACTUE

Proponga pasos próximos.

Desarrollemos planes de acción.

Tomemos decisiones inteligentes con fechas y final.

Celebremos la unidad.

1. ¿Quién está dispuesto?

2. ¿Con qué contamos?

3. ¿Cuándo iniciamos?

4. ¿Qué esperamos?

5. ¿Cómo?

Cada afiliado debe anotar lo que él/ella va a hacer para alcanzar nuestras metas.

CONCLUSION

Del Libro "Desarrollando una Iglesia Evangelizadora"

En este punto del libro es cuando usted elige las estrategias que va a usar. Es necesario que usted elija al menos veinte estrategias y úselas. Es conveniente usar una agenda y escribir sus planes para el año. No permita que la falta de interés se interponga entre su propósito y el de Jesús: expandir el Reino a todas partes. Usted es ahora un Guerrillero, no hay pasos hacia atrás. Si es pastor, organice la iglesia para ganar, si eres líder, tienes muchas estrategias para tu grupo. Si eres un hermano individual, tienes muchas cosas que hacer ahora, toma lápiz y papel y escriba tus veinte estrategias favoritas y ponles fecha de ejecución. Anímese y hágalo, es imposible apartarse del mandato una vez se tiene la visión.

Algo que usted debe considerar es que El Iglecrecimiento requiere devoción, entrega y entusiasmo. El diablo no tiembla con la gente que dice las frases correctas, el diablo tiembla cuando alguien esta violentamente enojado con él, cuando alguien tiene odio al pecado, y lucha y le pelea las almas palmo a palmo, y nadie lo reconoce, nunca lo honran, es probable que casi siempre este ofendiendo a medio mundo porque no se sabe expresar bien, pero tiene tanta pasión que la gente lo sigue.

La timidez y el miedo son los obstáculos más grandes para el evangelismo. Algunas personas son tímidos y cobardes en extremo y sufren de choques al momento de acercarse a un extraño y hasta al acercarse a un amigo para hablarle de Cristo. Estas personas son minorías mientras que otros tienen todo el atrevimiento para hablar de Jesús (Mallough, D. 1971)

Dios no busca perfectos, Dios busca gente que intente ser perfecta, es una gran diferencia, gente que se muera por agradar a Dios, por eso a veces decimos, ¿cómo Dios usa a ese? Pero a diferencia de este otro puritano lleno de errores, que Dios puede transformar, aún tiene algo bueno, busca con decisión una transformación de parte de Dios. Estas personas son minorías mientras que otros tienen todo el atrevimiento para hablar de Jesús (Mallough, D. 1971)

BIBLIOGRAFÍA

Armstrong, Richard Stoll. Pastor-evangelist in worship. Philadelphia: Westminster P, 1986.

Armstrong, Richard Stoll. Service evangelism. Philadelphia: Westminster P, 1979.

Barna, George. "The Barna Update." The Barna Group. Apr. 2005. The Barna Group. 9 Nov. 2008 <http://www.barna.org/flexpage.aspx?page=barnaupdate&barnaup dateid=186>.

Blackwood, Andrew W. Evangelism In The Home Church. Nashville, 1942.

Engle, Paul E. Evaluating the Church Growth Movement : 5 Views. Ed. Gary L. McIntosh. Grand Rapids: Zondervan, 2004.

Envisioning the new city a reader on urban ministry. Louisville, Ky: Westminster/John Knox P, 1992.

Ford, Kevin Graham. Jesús for a new generation putting the gospel in the language of Xers. Downers Grove, Ill: InterVarsity P, 1995.

Garrison, Becky. Rising from the Ashes : Rethinking Church. New York: Seabury Books, 2007.

How to Change Your Church {Without Killing It). Danbury: Thomas Nelson Incorporated.

Hunter, George G. The Contagious Congregation : Frontiers in Evangelism and Church Growth. New York: Abingdon P, 1979.

Kinnaman, David. "Avoiding unChristian Preaching." The Barna
Group. Feb. 2008. 9 Nov. 2008
<http://www.barna.org/flexpage.aspx?page=perspective&perspectiv
eid=30>.

Little, Paul. His Guide to Evangelism. Intervarsity, 1977.

Mallough, Don. Grassroots evangelism. Grand Rapids: Baker Book
   House, 1971.

Maxwell, John. El poder de la actitud. 2008.

McPhee, Arthur G. Friendship evangelism the caring way to share
   your faith. Grand Rapids, Mich: Zondervan, 1978.

Reina Valera 1960. 9 Nov. 2008 <http://www.biblegateway.com>.

Smith, Bailey E. Real evangelism exposing the subtle substitutes for
   that evangelism. Nashville: Broadman P, 1978.

Wagner, Peter. Strategies for Church Growth: Tools for Effective
   Mission and Evangelism. 1987.

http://www.literaturabautista.com/el-evangelismo-mundial

http://www.whoisjesus-really.com/spanish/4laws.htm

Acerca del Autor

Dr. Natanael Valenzuela (1968-)

Ministro Cristiano, Investigador educativo y profesor universitario con 30 años de experiencia.

Graduado de:

1. Universidad Autónoma de Santo Domingo (dos veces)
2. Universidad de la Tercera Edad
3. Universidad Nacional Pedro Henríquez Ureña
4. Universidad Católica de Santo Domingo
5. College of New Rochelle
6. Mass. Col of Liberal Arts. (Academia para Lideres Educativos y Certificado en Estudios Avanzados en Educación)
7. Christian University. Doctorado En Teologia con Tesis en Evangelismo
8. Universidad de Baja California. Candidato a Doctorado en Educacion

Conferencista internacional en el área de Educación, Matrimonios, Creación y desarrollo de Negocios y Enseñanza de Idiomas

Participante para reformas educativas en el estado de NY

Orador principal en eventos para la enseñanza de Idiomas en conferencias nacionales e internacionales.

Escritor de artículos educativos relacionados a:

1. Educación
2. Relación de padres y escuelas
3. Pensamiento Crítico
4. Formación de Entidades Educativas
5. Educación para Padres
6. Entrenamiento para maestros.
7. Desarrollo de materiales educativos

Escritor de varios libros en el área educativa, personal, matrimonios y formación religiosa.

Fundador y presidente de Cámara Cristiana de Comercio y Servicios, y The Christian Center for Family Research

Made in the USA
Columbia, SC
03 February 2018